D0775895

Cómo se comenta
un texto literario

Fernando Lázaro Carreter

Catedrático de la Universidad Autónoma de Madrid

Evaristo Correa Calderón

Catedrático

Cómo se comenta un texto literario

EDICIÓN REVISADA Y AMPLIADA

© Fernando Lázaro Carreter

CATEDRA
CRITICA Y ESTUDIOS LITERARIOS

1.ª a 10.ª edición (Anaya)
11.ª Edición, 1974
12.ª Edición, 1975
13.ª Edición, 1975
14.ª Edición, 1976
15.ª Edición, 1977
16.ª Edición, 1978
17.ª Edición, 1979
18.ª Edición, 1980
19.ª Edición, 1980
20.ª Edición, 1981
21.ª Edición, 1982
22.ª Edición, 1983
23.ª Edición, 1985
24.ª Edición, 1985
25.ª Edición, 1987
26.ª Edición, 1988
27.ª Edición, 1989
28.ª Edición, 1990
29.ª Edición, 1992
30.ª Edición, 1994
31.ª Edición, 1994
32.ª Edición, 1996
33.ª Edición, 1998
34.ª Edición, 2001

© Fernando Lázaro Carreter
   Evaristo Correa Calderón
   Ediciones Cátedra (Grupo Anaya, S. A.), 2001
   Juan Ignacio Luca de Tena, 15. 28027 Madrid
   Depósito legal: M. 51.312-2001
   ISBN: 84-376-0024-3
   Printed in Spain
   Impreso en Lavel, S. A.
   Pol. Ind. Los Llanos. Gran Canaria, 12
   Humanes de Madrid (Madrid)

Índice

7

ADVERTENCIA

Este libro ha sido concebido para jóvenes escolares que deben iniciarse en la actividad crítica. No es una panacea que pretenda dar recetas de urgencia a los estudiantes en trance de examen.

El comentario o explicación de un texto es algo que no puede improvisarse: requiere un hábito, una práctica más o menos frecuente. Tan absurdo sería que un alumno se inscribiese en las pruebas finales sin haber realizado nunca un ejercicio de explicación, como que acudiera a ellas sin haberse adiestrado en la resolución de problemas matemáticos.

En las páginas que siguen se hallará un método, que imaginamos fecundo, para realizar comentarios de textos en un nivel elemental. Lo que aquí exponemos, con estilo simple y directo, sin olvidar nunca que nos dirigimos a jóvenes lectores, es un método, y este es independiente de los conocimientos que para su aplicación se posean.

Nuestro libro está concebido para que lo utilicen como guía cuantos se ocupan elementalmente de estas cuestiones, con o sin la orientación de las aulas. Pero quizá alcance su más perfecta finalidad al servir como instrumento auxiliar de profesores y alumnos, en las clases de Lengua y Literatura. El hecho de que esta obra sea copiosamente consultada por alumnos univer-

9

sitarios, nos ha movido a introducir, en forma de apéndice a ellos destinado, tres comentarios de textos, de tipo superior, uno correspondiente a la Edad Media y dos al Siglo de Oro. El primero posee los requisitos de una investigación filológica; los últimos son, por el contrario, ensayos de interpretación literaria. Los tres proceden de las clases de Crítica Literaria del profesor Lázaro Carreter, en su cátedra salmantina. Se ofrecen como muestras muy diversas de las posibilidades que ofrece la explicación, realizada a nivel universitario.

Deseamos, autores y Editorial, expresar una vez más nuestra profunda gratitud al profesorado, a la crítica y a los estudiantes de España y de América, que continúan dispensando tan cordial acogida a este libro.

Introducción

Generalidades sobre el texto y el comentario

1. MODOS DE ESTUDIAR LA LITERATURA

Así como el estudio de la Música sólo puede realizarse oyendo obras musicales, el de la Literatura sólo puede hacerse leyendo obras literarias.

Suele ser creencia general que, para «saber Literatura» basta conocer la Historia Literaria. Esto es tan erróneo como pretender que se entiende de Pintura sabiendo dónde y cuándo nacieron los grandes pintores, y conociendo los títulos de sus cuadros, *pero no los cuadros mismos.*

Al conocimiento de la Literatura se puede llegar:

a) *En extensión,* mediante la *lectura* de obras completas o antologías amplias.

b) *En profundidad,* mediante el *comentario* o *explicación* de textos.

> En este libro empleamos indistintamente los términos «comentario» y «explicación».

13

2. ¿SOBRA, ENTONCES, LA HISTORIA DE LA LITERATURA?

De ningún modo. El manual de *Historia de la Literatura* proporciona *instrumentos* de tipo histórico, biográfico, cultural, etc., para encuadrar bien la obra que se lee o el fragmento que se comenta.

Pero hay que retener esta idea: *el manual de «Historia de la Literatura» es sólo un instrumento para obtener un fin más alto, que es el conocimiento directo y la mejor comprensión de las obras literarias.*

De tres modos *simultáneos* estudiaremos, pues, la Literatura:

a) **Mediante la lectura continuada de obras literarias.**

b) **Mediante la explicación de textos.**

c) **Mediante la Historia literaria como instrumento auxiliar.**

> Los tres modos son importantes, y los tres exigen idéntica atención e intensidad.
>
> El comentario de textos será tanto mejor cuanto más se haya leído y cuanto mejor se conozca la Historia literaria.

Más adelante expondremos cómo ha de emplearse el manual de Literatura para explicar un texto.

3. ¿QUÉ ES UN TEXTO LITERARIO?

Un texto literario puede ser una obra completa (una novela, un drama, un cuento, un poema ...), o un fragmento de una obra.

Los textos que se proponen para el ejercicio de comentario deben ser muy breves (20 versos o 15 líneas de prosa, como máximo). Por eso, excepto cuando se trata de una poesía corta (un soneto, una décima, por ejemplo), han de consistir en *fragmentos de obras literarias* más amplias.

4. POR QUÉ EL TEXTO HA DE SER BREVE

El ejercicio denominado *explicación de textos* opera *en profundidad,* y no en extensión. Si el texto fuera muy largo, tendríamos que limitarnos a exponer unas cuantas ideas vagas y rápidas acerca de él. La esencia de aquel fragmento se nos escaparía forzosamente.

5. QUÉ PRETENDEMOS CON LA EXPLICACIÓN

En toda explicación de textos nos proponemos estos dos objetivos:

1.º **Fijar con precisión lo que el texto dice.**
2.º **Dar razón de cómo lo dice.**

Estos fines pueden alcanzarse en un nivel elemental o superior. En este libro atendemos preferentemente al primer nivel. Alcanzar el segundo es sólo cuestión de cultura literaria y de amplitud crítica, que permitan desarrollar hasta sus últimas consecuencias las posibilidades del método que aquí se desarrolla.

6. FONDO Y FORMA

Si se medita en los fines de la explicación, probablemente se nos ocurrirá pensar que un buen método para explicar o comentar un texto sería analizar primero el *fondo* y después la *forma.*

La gente llama *fondo* a los pensamientos, sentimientos, ideas, etc., que hay en una obra. Y *forma,* a las palabras y giros sintácticos con que se expresa el fondo. Este vendría a ser una especie de organismo, y la forma, la piel que lo recubre.

7. IMPOSIBILIDAD DE SEPARAR EL FONDO DE LA FORMA

No puede negarse que, en todo escrito, se dice algo (fondo) mediante palabras (forma). *Pero eso no implica que fondo y forma puedan separarse.* Separarlos para su estudio sería tan absurdo como deshacer un tapiz para comprender su trama: obtendríamos como resultado un montón informe de hilos.

El fondo y la forma de un texto se enlazan tan estrechamente como el haz y el envés de una hoja, como la cara y la cruz de una moneda.

Ambos forman la obra artística; y no por separado, sino precisamente cuando están fundidos.

Consecuencia importantísima: si queremos *explicar* un texto no podemos comenzar por descomponerlo. El comentario tiene que ser, *a la vez*, del fondo y de la forma.

8. LA EXPLICACIÓN, EJERCICIO TOTAL

La explicación de textos no es un ejercicio de Gramática ni de Vocabulario, ni de Literatura, ni de Historia de la Cultura, ni un comentario moral, *por separado.* Su dificultad —y su belleza— estriba en que, al realizar la explicación, deben entrar en juego todos esos conocimientos simultáneamente.

Pero esto no debe alarmar al crítico novel. No se le piden imposibles; nadie va a exigirle —ni los profesores ni los examinadores— que haga un ejercicio profundísimo. Bastarán los conocimientos normales que va adquiriendo en clase, *bien administrados*.

A esto pretendemos ayudarle: a administrar bien sus conocimientos.

Lo que *no* es una explicación de textos

Antes de pasar a aclarar en qué consiste, queremos fijar con claridad unas ideas acerca de lo que no es una explicación de textos.

Ya sabemos que comentar un texto *no* es exponer por separado unas cuantas ideas acerca del *fondo* y de la *forma* de dicho texto.

9. LA PARÁFRASIS

El mayor peligro que acecha a quien explica un texto es la paráfrasis.

Llamamos paráfrasis a un comentario amplificativo en torno a lo que un texto dice.

Imaginemos que se nos ordena explicar esta conocida estrofa de fray Luis de León:

¡Qué descansada vida
la del que huye el mundanal ruido,
y sigue la escondida
senda por donde han ido
los pocos sabios que en el mundo han sido!

17

He aquí un posible tipo de paráfrasis:

«Fray Luis de León, el gran poeta agustino, nos dice en estos versos que es mejor vivir en soledad que en el tráfago del mundo. ¡Razón grande tenía fray Luis! La vida no ofrece más que molestias, desasosiegos, incomodidades y disgustos. Así lo han comprendido las personas sabias, que han preferido el apartamiento a las inquietudes de una existencia en el mundo...»

Y así podríamos seguir indefinidamente, dando vueltas en torno al texto de fray Luis, como asnos alrededor de un pozo, sin entrar de lleno en su hondura, sin saber qué hay dentro.

Algunos, acordándose quizá de que esa estrofa posee una *forma*, añadirán una coletilla vulgar y como de compromiso:

«Estos versos son muy bonitos; suenan muy bien, y elevan el espíritu. Forman una lira.»

Un ejercicio realizado así *no* es una explicación, sino mera palabrería.
La paráfrasis puede ser bella cuando la realiza un gran escritor o un buen orador.
Un escolar no debe intentarla.

10. OTRO ENEMIGO: EL TEXTO COMO PRETEXTO

Tampoco el comentario de textos puede servirnos como medio para exponer nuestros conocimientos acerca de cosas que no iluminan o esclarecen *precisamente* el pasaje que comentamos.

Se entenderá lo que queremos decir volviendo al ejemplo anterior. Alguien toma la estrofa de fray Luis como *pretexto* para mostrar sus conocimientos histórico-literarios. Y escribe, por ejemplo:

> «*Estos versos son de fray Luis de León. Este poeta nació en Belmonte (Cuenca), el año 1527. Estudió en Madrid y Valladolid, y a los catorce años se hizo agustino. Explicó como catedrático en Salamanca y fue procesado por la Inquisición. Escribió* La perfecta casada, Exposición del Libro de Job...»

Nuestro aplicado muchacho se va por las ramas. Utiliza el texto como pretexto, pero no lo explica. Veamos otra solución tan mala como la anterior. Ahora el «explicador» se nos escapa por la métrica:

> «*He aquí una lira de fray Luis de León. La lira es una estrofa compuesta de cinco versos, el primero, el tercero y el cuarto heptasílabos (de siete sílabas), y el segundo y el quinto, endecasílabos (de once sílabas). Riman primero, tercero y quinto; y primero y tercero. En el segundo verso la palabra ruído tiene tres sílabas por diéresis. La diéresis consiste en destruir un diptongo, separando sus vocales en dos sílabas.*»

¿No consiste este procedimiento en algo muy parecido a sacar cerezas de un canastillo?

Esto no es un comentario. Para realizarlo bien *es necesario* saber todas esas cosas. Pero no podemos parecernos a un albañil que gastase en levantar y complicar los andamios el tiempo y los materiales previstos para construir un edificio.

El texto no es jamás un pretexto.

---

11. RESUMEN

Tenemos ya unas pocas pero importantísimas ideas acerca de lo que *no es* una explicación de textos. Fijémoslas en nuestra mente:

1.º *La explicación de textos no consiste en una paráfrasis del fondo, o en unos elogios triviales de la forma.*

2.º *La explicación de textos no consiste en un alarde de conocimientos a propósito de un pasaje literario.*

Qué es una explicación de textos

12. EL PUNTO DE VISTA DEL AUTOR

Si no temiéramos asustar un poco a nuestros lectores y hacerles cobrar miedo a esta tarea, les diríamos que comentar un texto consiste en ir razonando paso a paso el porqué de lo que el autor ha escrito.

Esto, como ya dijimos, puede hacerse con mayor o menor profundidad. La que se va a pedir a un estudiante está en proporción con sus conocimientos. Poco a poco se irá descubriendo que la cosa no es difícil, sobre todo *cuando se sabe cómo hacerlo*. Y es eso lo que intenta enseñar este libro.

Por si la definición anterior parece muy exigente, considérese esta más sencilla:

> **Explicar un texto es ir dando cuenta, a la vez, de lo que un autor dice y de cómo lo dice.**

13. NO HAY UN COMENTARIO ÚNICO

Fácilmente podemos comprender que las explicaciones de un pasaje serán distintas, según sean la cultura, la sensibilidad y hasta la habilidad de quienes las realicen.

Pero, en un plano elemental o superior, *serán buenas todas las explicaciones que, razonadamente, establezcan una relación clara y ordenada entre el fondo y la forma de un texto.*

14. MÉTODOS PARA REALIZAR LA EXPLICACIÓN

Sin método resulta difícil comentar debidamente un pasaje. Con lo que llevamos dicho, sabemos ya qué es una explicación de textos; pero un alumno quizá no supiera cómo iniciarla. Si ignorásemos cómo se hace una resta, seguiríamos sin saber restar aunque nos dijeran que dicha operación consiste en «hallar la diferencia entre dos cantidades». Necesitamos un procedimiento, un *método*, para saber hacerlo.

Lo mismo ocurre con la explicación de textos: hace falta un método, aunque este no pueda tener el rigor de los procedimientos matemáticos.

El método que vamos a exponer en las páginas que siguen no es el único posible; pero conduce siempre a buenos resultados.

15. CONOCIMIENTOS PRECISOS PARA EL COMENTARIO

En el comentario, precisamos combinar una serie de condiciones personales (sensibilidad, agudeza) con un conjunto de conocimientos, elementales o no, pero necesarios.

Estos conocimientos se van adquiriendo en las clases del Instituto, del Colegio, del Liceo o de la

Universidad. Los fundamentales son los de Gramática, Historia de la Lengua y de la Literatura y Métrica. Pero también los de Religión, Geografía, Historia, Sociología, Economía, etc., pueden ser útiles al comentar determinados pasajes.

16. ¿SERÁ DISTINTO EL MÉTODO EN LOS GRADOS ELEMENTAL Y SUPERIOR?

De ninguna manera. El método que aplicaremos (y que vamos a describir a continuación) es el mismo. Lo único que variará serán los conocimientos básicos.

Por eso no hacemos distinción, en este libro, entre las explicaciones correspondientes a uno u otro grado. Procuraremos que nuestras instrucciones sean sencillas y perfectamente comprensibles por todos los escolares.

Lo importante es entender el método. Con él pueden combinarse luego conocimientos más o menos profundos; estos dependen ya de quien lo aplica.

El método y sus fases

17. ORDEN DE LA EXPLICACIÓN

El comentario de textos exige un *orden* para que no se entremezclen nuestras observaciones. Los momentos o *fases* de que consta este orden son los siguientes:

> I. **Lectura atenta del texto.**
> II. **Localización.**
> III. **Determinación del tema.**
> IV. **Determinación de la estructura.**
> V. **Análisis de la forma partiendo del tema.**
> VI. **La conclusión.**

Vamos a exponer ahora brevemente *en qué consisten* y *para qué sirven* todas y cada una de estas fases. En otro capítulo explicaremos *cómo se practican*. Pero téngase muy en cuenta que no se podrán comprender esas instrucciones prácticas sin conocer las razones en que se apoyan, es decir, sin leer atentamente lo que ahora vamos a exponer.

25

Lectura atenta del texto

18. COMPRENSIÓN DEL PASAJE

Lo primero y más lógico que debemos hacer, al estudiar un texto para comentarlo, *es conocerlo mediante una atenta lectura.*

Para ello es preciso que lo leamos *despacio* y que *comprendamos todas sus palabras.*

Quiere esto decir que, al preparar una explicación, debemos tener *forzosamente* a mano un Diccionario de la Lengua Española, para consultar el significado de todas y cada una de las palabras que no entendemos o que comprendemos a medias.

Alguien estará pensando: «Sí, pero ¿y en los exámenes? Allí no nos permiten emplear el Diccionario. ¿Por qué he de acostumbrarme a usarlo?» La respuesta es bien sencilla: porque la utilización del Diccionario, día tras día, y año tras año, proporciona un conocimiento tal del léxico que puede esperarse el examen con tranquilidad.

19. COMPRENSIÓN, NO INTERPRETACIÓN

En esta primera fase, lo único que debe preocuparnos es *entender el texto en su conjunto y en todas y cada una de sus partes.*

No tenemos que ocuparnos de *interpretar* qué sentido especial tiene en aquel pasaje tal o cual expresión. Tenemos que explicar, por ejemplo, el siguiente soneto de Lope de Vega:

> **Suelta mi manso, mayoral extraño,**
> **pues otro tienes de tu igual decoro;**
> **deja la prenda que en el alma adoro,**
> **perdida por tu bien y por mi daño.**

Ponle su esquila de labrado estaño
y no le engañen tus collares de oro;
toma en albricias este blanco toro
que a las primeras hierbas cumple un año.

Si pides señas, tiene el vellocino
pardo, encrespado, y los ojuelos tiene
como durmiendo en regalado sueño.

Si piensas que no soy su dueño, Alcino,
suelta y verásle si a mi choza viene,
que aún tienen sal las manos de su dueño.

La primera fase de la explicación consistirá
en comprender bien el poema. Habrá que buscar
en el Diccionario las palabras cuyo sentido se
ignora: quizá *manso*, *mayoral*, *decoro*, *prenda*, *labrado*, *albricias*, *hierbas primeras*, *vellocino*, y posiblemente algunas otras.

Con esto ha terminado la primera fase: se
conoce ya el *sentido literal* del soneto. Posiblemente
se entenderá que ese manso arrebatado al pastor
por un rico mayoral encubre a alguna amada del
poeta, que lo abandonó por un rival más poderoso.
Nada de esto nos importa ahora. No tenemos que
interpretar, sino sólo comprender el sentido literal.
La interpretación corresponde a la fase V de la
explicación.

ADVERTENCIA MUY IMPORTANTE

La primera fase es previa y preparatoria de
la explicación misma. La explicación no comienza con un comentario de las palabras que
no conocíamos o que nos parecen raras. Esto
equivaldría a separar el fondo de la forma, y
ya sabemos que no es posible.

> ¿Qué hacer, pues, con esas palabras cuyo significado se ha hallado en el Diccionario? Nada más que esto: aprender sus significados, para que no haya en el texto ni una sola zona oscura.

Localización

20. QUÉ ES LOCALIZAR UN TEXTO

Localizar es, como define el Diccionario, «fijar el lugar de una cosa». Por tanto, *localizar un texto literario consiste en precisar qué lugar ocupa ese texto dentro de la obra a que pertenece.*

Ya vimos en el § 3 que el texto puede ser un *fragmento* (de un poema, de una novela, de una escena de teatro, etc.), o puede ser un texto independiente (un soneto, por ejemplo).

En ambos casos hay que intentar una localización precisa. Ya diremos cómo. Ahora es preciso que entendamos por qué debemos hacer esto.

21. NECESIDAD DE LA LOCALIZACIÓN

Imagínese un cuadro. Pensemos en el *Entierro del conde de Orgaz,* del Greco. Recuérdese: hay en él tres planos claramente definidos:

a) Dos santos que sostienen el cadáver de un caballero.

b) Un friso de caballeros que presencian el milagro.

c) El cielo abierto, al que llega el alma del conde, que es recibida por Cristo, la Virgen y un sinnúmero de bienaventurados.

Si consideramos cualquiera de estos planos (u otros fragmentos que podríamos aislar) por separado con independencia de los demás, no lo interpretaremos bien, porque su sentido depende de los otros dos, *depende del conjunto*.

De este hecho bien evidente podemos extraer una conclusión importantísima que enunciaremos así:

Todas las partes de una obra artística son solidarias.

O dicho de otro modo:

Todas las partes de una obra artística se relacionan entre sí.

Por eso, para comentar con precisión un texto es absolutamente imprescindible tener en cuenta el conjunto a que pertenece, y el lugar que ocupa dentro del conjunto. En suma: *es preciso localizarlo*.

Como ya se ha dicho, con la localización del texto comienza, propiamente, el ejercicio de la explicación.

Téngase en cuenta que ahora estamos informando de lo que es necesario hacer, y no de cómo se hace. Más adelante se hallarán los consejos prácticos necesarios.

FASE III

Determinación del tema

22. IMPORTANCIA DE ESTA FASE

Ya tenemos el texto entendido (fase I) y ya sabemos qué lugar ocupa dentro de la obra (fase II). Estamos en condiciones de pasar a la III, que es importantísima.

De nuestro acierto en este momento de la explicación depende en gran medida el éxito de la misma. Tratemos de fijar el concepto de *tema*. Mucha atención, porque la tarea no es fácil.

23. EL «FONDO»

Pero antes advertiremos que no vamos a usar la palabra *fondo*, por demasiado vaga, imprecisa y hasta vulgar.

La noción de *tema* es más concreta y más útil para nuestro objeto.

24. EL «ASUNTO» DEL TEXTO

Se nos propone, por ejemplo, el siguiente pasaje de la novela *Tomás Rueda*, de Azorín:

> Las bellas manos que cortaban las flores del huerto han desaparecido ya hace tiempo. Hoy sólo viven en la casa un señor y un niño. El niño es chiquito, pero ya anda solo por la casa, por el jardín, por la calle.
> 5 No se sabe lo que tiene el caballero que habita en esta casa. No cuida del niño; desde que murió la madre, este chico parece abandonado de todos. ¿Quién se acordará de él? El caballero —su padre— va y viene a largas cacerías; pasa temporadas fuera de casa;
> 10 luego vienen otros señores y se encierran con él en una estancia; se oyen discusiones furiosas, gritos. El caballero, muchos días, en la mesa, regaña violentamente a los criados, da fuertes puñetazos, se exalta. El niño en un extremo, lejos de él, le mira fijamente, sin hablar.

Todos conocemos la noción de *argumento*. La usamos a diario, cuando hablamos del «argumento de una novela o de una película».

También un texto tan breve como ese fragmento de Azorín tiene un argumento. Podríamos contarlo así: «*En una casa viven un caballero y su hijo de corta edad, huérfano de madre; el padre no cuida del pequeño; se ausenta mucho de casa y recibe frecuentes visitas. El caballero riñe a menudo a los criados.*»

Pues bien, vamos a llamar *asunto* al argumento de un texto. Lo impreso en letra cursiva es el asunto del pasaje de Azorín.

Se trata, como vemos, de una reducción de dicho pasaje, de una breve narración de lo que ese texto narra más exactamente. Pero conserva, en sustancia, sus *detalles* más importantes.

25. DEL «ASUNTO» AL «TEMA»

Si del asunto, tal como arriba lo hemos contado, quitamos *todos los detalles* y definimos sólo *la intención del autor* al escribir esos párrafos, obtenemos el tema.

Evidentemente, lo que Azorín se propuso fue describir *la radical soledad de un niño de corta edad, abandonado incluso de su padre intemperante con quien vive.*

Este es el *tema*, la célula germinal del fragmento. Para expresar el tema, Azorín inventó los elementos del *asunto* (la casa, las ausencias del padre, las visitas que recibe, sus riñas a los criados, etc.). Y dio forma definitiva a todo en el texto.

26. CARACTERÍSTICAS DEL TEMA

Dos rasgos importantes ha de poseer la determinación del tema: *claridad* y *brevedad*.

Si tenemos que emplear muchas palabras para definir el tema, hay que desconfiar: lo probable es que no hayamos acertado.

De ordinario, el núcleo fundamental del tema podrá expresarse con una palabra abstracta, rodeada de complementos. En el ejemplo anterior, ese núcleo fundamental es la *soledad* (radical de un niño, etc.).

Muchas definiciones tendrán estructura semejante, y las enunciaremos de estos modos, por ejemplo: *rebeldía* (del poeta frente a ...), *súplica* (dirigida a la amada para ...), *melancolía* (que experimenta un desterrado ...), etc. Para fijar el tema, *intentemos dar con la palabra abstracta que sintetiza la intención primaria del escritor.*

27. EL TEMA NO DEBE INCLUIR ELEMENTOS SUPERFLUOS

Esto es importante: al definir el tema, *hay que cuidar de no hacer entrar en él rasgos episódicos que pertenecen al asunto.*

Imaginad que hubiésemos descrito el tema anterior del siguiente modo: «la radical soledad de un niño abandonado de todos, incluso de su padre, *que se va de casa y riñe a los criados*».

Esto último pertenece al argumento o asunto del texto, pero no al tema.

Lo de irse de casa es un elemento argumental que ha escogido Azorín para mostrar el hecho de que el caballero *abandona* al niño. Podía haber inventado otro rasgo argumental; por ejemplo, el caballero podía gustar de vivir en casa de unos amigos lejanos, o de hacer viajes frecuentes por mar o a la corte.

Lo de reñir a los criados es otro elemento argumental para mostrarnos que el caballero es intemperante, violento. También el autor pudo mostrar de otro modo la *intemperancia* de su personaje, contándonos que regañaba con los vecinos, por ejemplo, o que golpeaba a su caballo.

En cambio, las notas de *abandono* e *intemperancia* sí que pertenecen al tema.

28. TAMPOCO DEBE FALTAR NINGÚN ELEMENTO FUNDAMENTAL

Inversamente, si nada debe sobrar, *tampoco debe faltar nada en la definición del tema.*

Quiere esto decir que *todos* los elementos que constituyen el argumento deben estar representados en el tema.

Supongamos que hubiéramos definido así el tema del texto anterior: «la radical soledad de un niño de corta edad, abandonado incluso por su padre, con quien vive». Habrá detalles del asunto («Se oyen discusiones furiosas, gritos. El caballero, muchos días, en la mesa regaña violentamente a los criados, da fuertes puñetazos, se exalta») que no estarían representados en el tema. Por eso hemos de incluir en este la nota de *intemperancia*, que resume y representa todos aquellos rasgos argumentales.

> La definición del tema será, pues, *clara, breve* y *exacta* (sin falta o sobra de elementos).

29. ¿ES FÁCIL FIJAR EL TEMA?

Como vemos, *el tema se fija disminuyendo al mínimo posible los elementos del asunto, y reduciendo este a nociones o conceptos generales.*

Se puede llegar a hacerlo con relativa facilidad, mediante ejercicios frecuentes. En los varios textos que explicamos en este libro se hallarán modelos que ayudarán mucho a hacer otro tanto con los que sean propuestos en clase o en los exámenes.

FASE IV

Determinación de la estructura

30. LA COMPOSICIÓN DE UN TEXTO

Un texto literario no es un caos. *El autor, al escribir, va componiendo.*

Componer es colocar las partes de un todo en un orden tal que puedan constituir ese todo.

La composición es imprescindible en toda obra de arte: *compone* el pintor las masas, los colores, las figuras y todos los demás elementos que integran el cuadro; el músico *compone* su pieza musical ordenando las notas, los ritmos, los acordes, etcétera.

El escritor *compone* también. El novelista, por ejemplo, distribuye los acontecimientos que va narrando en capítulos, y los va ordenando; el dramaturgo dispone la materia dramática en actos*[1], dentro de estos va desarrollando los cuadros* y las escenas*, etcétera.

Hasta el texto más pequeño —el que se nos propone para comentarlo, por ejemplo— posee una *composición* o *estructura* precisa.

Pues bien, en esta fase de la explicación debemos averiguar en lo posible de qué partes está compuesto el fragmento.

[1] Todas las palabras que van seguidas de asterisco (*) son explicadas en el *Vocabulario* que figura al final de este libro.

31. LOS ELEMENTOS DE LA ESTRUCTURA SON SOLIDARIOS

Aquí es el momento de aplicar lo que decíamos en el § 21: *todas las partes de un texto se relacionan entre sí.*

Y ello por una razón sencilla: si en aquel texto el autor ha querido expresar un *tema*, es forzoso que todas las partes que podamos hallar como integrantes de aquel fragmento contribuyan a expresar aquel tema, y, por tanto, que se relacionen entre sí.

32. EL APARTADO

Para entendernos con claridad, llamaremos *apartado a cada una de las partes que podemos descubrir en el texto.*

Como los textos que tendremos que explicar serán breves, los apartados serán poco numerosos: dos, tres, cuatro ...

Y puede ocurrir que no podamos hallar apartados en nuestro análisis. De ello hablaremos en el § 37.

No creamos que por establecer muchos apartados vamos a ser más precisos; quizá con ello atomicemos el texto y perdamos su carácter unitario.

33. UN EJEMPLO: EL TEXTO DE AZORÍN

Si examinamos atentamente el fragmento de Azorín que figura en el § 24, podemos apreciar en él tres apartados:

El apartado *a)* comprende las líneas 1-8 (desde *Las bellas manos* hasta *de él?*).

El apartado *b)* está integrado por las líneas 8-13 (desde *El caballero —su padre—*, hasta *exalta*).

El apartado *c)* se compone de las líneas 14-15 (desde *El niño* hasta *sin hablar*).

En el a) *domina la nota fundamental de la soledad del niño.*

En el b) *se pone de relieve el* descuido *y la* intemperancia *del* padre.

En el c) *se contrapone el* padre *y el* hijo *para mostrar su incomunicación, el* abandono *del segundo por el primero.*

34. EL TEMA Y LOS APARTADOS

El tema suele distribuirse irregularmente por los apartados. Así acontece en el ejemplo anterior.

Nótese, sin embargo, cómo el rasgo nuclear y fundamental del tema, la *soledad* del niño, está presente en todos.

Los apartados se caracterizan y distinguen entre sí porque el tema adquiere en cada uno de ellos modulaciones más o menos diversas.

35. OTROS EJEMPLOS

La estructura es, a veces, transparente. Véase, por ejemplo, un fragmento de la égloga primera de Garcilaso de la Vega:

[Habla el pastor Nemoroso]

Apartado a)

Invocación a unas cuantas criaturas de la Naturaleza.

Corrientes aguas, puras, cristalinas;
verde prado de fresca sombra lleno,
árboles que os estáis mirando en ellas,
aves que aquí sembráis vuestras querellas,
hiedra que por los árboles caminas,

torciendo el paso por su verde seno;
yo me vi tan ajeno
del grave mal que siento,
que de puro contento
con vuestra soledad me recreaba,
donde con dulce sueño reposaba,
o con el pensamiento discurría
por donde no hallaba
sino memorias llenas de alegría.

Apartado b)

Evocación de la alegría que la contempla-ción de aque-llas criaturas producía en otro tiempo a Nemoroso.

Comprobemos ahora de qué partes tan claras se compone el retrato de *Platero*, el asnillo cuya vida contó con trazos inmortales Juan Ramón Jiménez, en su libro *Platero y yo*:

Platero es pequeño, peludo, suave; tan blando por fuera, que se diría todo de algodón, que no lleva huesos. Sólo los espejos de azabache de sus ojos son duros cual dos escarabajos de cristal negro.

Apartado a)

Cómo es «exterior-mente» Platero.

Lo dejo suelto, y se va al prado y acaricia tibiamente con su hocico, rozándolas apenas, las florecillas rosas, celestes y gualdas... lo llamo dulcemente «—¿Platero?»; y viene a mí con un trotecillo alegre, que parece que se ríe, en no sé qué cascabeleo ideal...

Apartado b)

Docilidad y delica-deza del asnillo.

Come cuanto le doy. Le gustan las naranjas mandarinas, las uvas moscateles, todas de ámbar; los higos morados, con su cristalina gotita de miel...

Es tierno y mimoso igual que un niño, que una niña...; pero fuerte y seco por dentro, como de piedra. Cuando paso sobre él, los domingos, por las últimas callejas del pueblo, los hombres del campo, vestidos de limpio y despaciosos, se quedan mirándolo:

Apartado c)

Cómo es «interior-mente» Platero.

—Tien'asero.
Tiene acero. Acero y plata de luna, al
mismo tiempo.

36. LOS APARTADOS EN LA POESÍA

Aunque más adelante insistimos en ello con
ejemplos concretos, conviene que prevengamos
acerca del error en que muchas veces caeríamos
si supusiésemos que cada *apartado* coincide con
cada *estrofa**, cuando el texto está escrito en verso.
Nos equivocaríamos, por ejemplo, si creyéramos
que un soneto* consta de cuatro apartados, equivalentes a sus dos cuartetos* y a sus dos tercetos*.
(Aunque a veces puede ocurrir que así sea.)

37. TEXTOS SIN ESTRUCTURA APARENTE

Hay a veces textos tan breves y simples, que
resulta difícil, si no imposible, definir su composición.

Pero en otras ocasiones el pasaje no posee
estructura porque *el autor no ha querido dársela*,
mejor dicho, porque el desorden es lo que expresa
más adecuadamente el tema.

El *tema* del fragmento que sigue es el alucinante
movimiento de unos espíritus en torno al poeta.
Este, Espronceda, nos lo comunica por una acumulación caótica de elementos:

Densa niebla	Y aquí tornan,
cubre el cielo,	y allí giran,
y de espíritus	ya se juntan,
se puebla	se retiran,
vagorosos,	ya se ocultan,
que aquí, el viento,	ya aparecen,
y allí cruzan	vagan, vuelan,
vaporosos	pasan, huyen,
y sin cuento.	vuelven, crecen,

disminuyen,	ya me evitan
se evaporan,	con temor,
se coloran,	ya se agitan
y entre sombras	con furor,
y reflejos,	en aérea danza fantástica
cerca y lejos	a mi alrededor.
ya se pierden,	

Tampoco hay composición ordenada (el desorden es su estructura) en este otro fragmento del entremés *Los habladores*, atribuido a Cervantes, en que se describe la cháchara disparatada y absurda de un hombre parlanchín:

—Dice muy bien usted, porque la ley fue inventada para la quietud, y la razón es el alma de la ley, y quien tiene alma tiene potencias, tres son las potencias del alma: memoria, voluntad y entendimiento. Usted tiene muy buen entendimiento, porque el entendimiento se conoce por la fisonomía, y la de usted es perversa, por la concurrencia de Saturno y Júpiter, aunque Venus mire en cuadrado...

FASE V

Análisis de la forma partiendo del tema

38. EL TEMA Y LA FORMA DEL TEXTO

Llamamos forma a las palabras, a los giros gramaticales que integran el texto.

Entre todos los medios lingüísticos que el idioma ofrece al escritor, este ha elegido unos cuantos que le parecían más adecuados para expresar mejor el tema.

Ha de haber, por tanto, una estrecha relación entre el tema y la forma.

39

39. PRINCIPIO FUNDAMENTAL DE LA EXPLICACIÓN DE TEXTOS¹

Efectivamente, la relación prevista entre el *tema* y la *forma* viene regulada por un principio en el cual se basa íntegramente el comentario y que, por eso, denominaremos *principio fundamental*.

Ese principio, que debemos recordar permanentemente, podemos enunciarlo así:

> **El tema de un texto está presente en los rasgos formales de ese texto.**

El tema es como un corazón que hace llegar su sangre a todo el organismo. Como la savia, que asciende desde las raíces hasta las últimas hojillas de la planta.

40. APLICACIÓN DEL PRINCIPIO FUNDAMENTAL A LA EXPLICACIÓN

Del principio fundamental se extrae la norma básica de la explicación. Efectivamente, esta consistirá en ir comprobando, línea a línea, o verso a verso, cómo se cumple dicho principio, esto es, de qué modo el tema va determinando los rasgos formales del pasaje.

> **La explicación de un texto consiste en «justificar» cada rasgo formal del mismo como una «exigencia» del tema.**

Comprendemos ahora por qué esta fase analítica es la más importante de todas; las anteriores han servido sólo de preparación para realizar esta con mayor acierto.

Y comprendemos, sobre todo, por qué afirmábamos en el § 22 que de la correcta definición del tema dependía, en gran parte, el buen éxito del comentario.

41. COMPROBACIÓN DEL PRINCIPIO FUNDAMENTAL

Vamos a considerar de nuevo el pasaje de *Tomás Rueda*, de Azorín, puesto que nos hemos familiarizado con él. Trataremos de comprobar, en dicho fragmento, el principio fundamental.

Esta comprobación será, en rigor, una verdadera explicación, si bien demasiado pormenorizada, por precisión didáctica.

El tema.

Recordemos el *tema* del fragmento de Azorín: *La radical soledad de un niño de corta edad, abandonado incluso de su padre intemperante con quien vive.*

Según hemos dicho, la explicación consistirá en justificar los rasgos formales del texto como una exigencia de este tema.

Los apartados.

Nuestra tarea se verá notablemente facilitada si consideramos, por separado, los apartados que hemos fijado en el § 33. Recordémoslos:

a) Líneas 1-8 *(Soledad del niño).*
b) Líneas 8-13 *(Descuido e intemperancia del padre).*
c) Líneas 14-15 *(Incomunicación entre padre e hijo, y abandono del segundo por el primero).*

Recordando estos datos, y atentos al texto impreso anteriormente, pasemos a la comprobación.

Apartado a)

Las bellas manos que cortaban las flores del huerto han desaparecido ya hace tiempo.—La madre muerta (el niño vive *solo* con su padre) queda evocada por unas manos que cortaban flores. La madre no existe ya; la palabra «madre» *no aparece* en estas frases que la evocan. ¿Por qué se alude a sus manos? Porque es precisamente lo que el niño ha perdido al morir ella: unas manos que lo cuiden, que lo mimen. ¿Y por qué cortaban flores? Con este rasgo, el autor prepara el contraste que, con los gustos delicados de la dama, va a presentar la intemperancia del caballero.

Como vemos, una serie de elementos de este fragmento inicial están determinados por el *tema*: la ausencia de la palabra «madre»: (el niño está solo), la evocación de las manos (ahora nadie cuida del pequeño), que cortaban flores (el esposo es, en cambio, extremadamente rudo).

¿Se ve cómo nuestro análisis va confirmando el principio fundamental? Prosigamos.

Hoy sólo viven en la casa un señor y un niño.— Si *sólo* viven ellos dos, sólo el señor podría ocuparse del niño. Para resaltar la *soledad* de éste (tema), le importa que nadie más viva en la casa. El adverbio *sólo* expresa y afianza la idea, que, por lo demás, no es exacta: con ellos hay unos criados, a los que el caballero regaña con frecuencia. Esta inexactitud viene, por tanto, dictada por el tema.

El niño es chiquito.—La impresión de soledad que desea comunicarnos el autor (tema) será más profunda cuanto más pequeño sea el niño. El niño es *chiquito*. Este diminutivo hiere nuestra sensibilidad más que si dijera *pequeño*. (Como ya sabemos, por nuestros estudios de Gramática, los diminutivos, de ordinario, no empequeñecen. *Chico* no es más grande que *chiquito*. Los diminutivos expresan el afecto, la ternura que pone en aquella palabra el que la emplea.)

Pues bien: ese diminutivo (rasgo de la forma) viene determinado, como veremos, por el *tema*. Lo cual confirma, de nuevo, el principio fundamental.

Pero ya anda solo por la casa, por el jardín, por la calle.—Como *chiquito* no disminuye, no nos precisa la edad de aquel niño. (Un «niño chiquito» puede tener dos días, cinco meses, tres años...) Y al autor le interesa declararnos que el pequeño está en edad de empezar a sentirse abandonado. ¿Cómo lo hace? Comunicándonos que «*ya* anda solo por la casa...», el adjetivo *solo* revela la insistencia del tema.

¿Y por dónde anda? El autor nos dice: *por la casa, por el jardín, por la calle*. Observemos estos complementos de lugar. Salta a los ojos que el último no se une al anterior por *y* (*...por el jardín y por la calle*). ¿Tendría este rasgo de la forma algo que ver con el tema? Sí: la ausencia de conjunción expresa el vagar libre, caprichoso y *sin vigilancia* del niño. (Véase *Asíndeton* *.)

El niño, además, anda «por la calle». Un niño tan pequeño no debe ir *solo* por la calle. Azorín con este rasgo tan sutil, expresa el *abandono* en que vive el muchacho. Nuevamente el *tema* se hace presente en la *forma*.

No se sabe lo que tiene el caballero que habita en esta casa.—El autor nos anuncia lo que va a ser desarrollado en el apartado *b*).

43

No cuida del niño; desde que murió la madre, este chico parece abandonado de todos.—Estas frases ocupan el centro mismo del texto, y nos dan todo el contenido temático del apartado *a*), *se identifican con la modulación de este apartado.*

¿Quién se acordará de él?—Para remate del apartado *a*), Azorín utiliza una interrogación que no interroga. Es una figura de adorno, llamada «interrogación retórica». Con ello no se pregunta, sino que se expresa una afirmación con más vehemencia (*¿No fue Rubén Darío un gran poeta?*).

El autor acaba, pues, el apartado *a*), expresando con más vehemencia el aspecto del tema en él contenido: el niño está solo, nadie lo cuida.

Apartado b)

El caballero —su padre— va y viene a largas cacerías.—Dos rasgos lingüísticos expresan con viveza el tema: *va y viene* y *largas*. Ambos evocan, respectivamente, la *frecuencia* y *duración* de las cacerías, que determinan que el niño siempre esté *solo*. *Pasa temporadas fuera de casa.*—Además de las cacerías, tan frecuentes y largas, estas temporadas de ausencia. Azorín ha elegido la palabra *temporadas*, que significa «períodos largos de tiempo». En la elección late, pues, el tema.

Luego vienen otros señores y se encierran con él en una estancia; se oyen discusiones furiosas, gritos. El *luego* con que comienza este período expresa plásticamente que tampoco cuando regresa a casa se ocupa el caballero de su hijo (tema). Ni un resquicio de tiempo le queda para atender al pobre muchacho.

Él y los otros señores *se encierran:* el niño no tiene acceso a las conversaciones: sigue *solo* (tema).

Y se escuchan *discusiones furiosas, gritos.* Las tres palabras expresan con claridad que el caballero es intemperante (tema).

Pero cabe pensar que, por lo menos, a la hora de comer hablarán los dos. Azorín, cerrando incluso esa posibilidad para expresar mejor el tema, nos dice:

El caballero, muchos días, en la mesa, regaña violentamente a los criados, da fuertes puñetazos, se exalta.—Durante la comida, la vida familiar debe remansarse. No ocurre esto allí. Observemos cómo dos palabras de tanta intensidad significativa como *regaña* y *puñetazos* van aún reforzadas por *violentamente* y *fuertes.* Su empleo viene determinado por la exigencia de plasmar el tema con precisión.

Y mientras el padre se exalta, el hijo sigue terriblemente *solo.*

Apartado c)

El niño, en un extremo, lejos de él, le mira fijamente, sin hablar.—La *soledad* del niño, en relación con su padre (que es el aspecto que el tema adopta en este apartado) se resalta con estos dos complementos de lugar seguidos: *en un extremo, lejos de él,* y por el complemento de modo *sin hablar.*

Otro complemento de modo, *fijamente,* nos evoca al niño asombrándose de aquel comportamiento y, a la vez, sintiendo su corazón lejos del de su padre: está solo *físicamente* («en un extremo, lejos de él..., sin hablar»), y *espiritualmente* («fijamente»).

45

La conclusión

42. NECESIDAD DE LA CONCLUSIÓN

Con el análisis de la forma partiendo del tema (fase V) hemos terminado el comentario propiamente dicho.

Pero, hasta ahora, nuestras observaciones, aunque guiadas por algo que las unía (el *tema*), son bastante dispersas. Si nuestro ejercicio acabara aquí, daría la impresión de que no había sido provechoso, de que no habíamos captado la esencia y el significado del texto.

Unas pocas líneas más, de *conclusión*, son necesarias.

43. QUÉ ES LA CONCLUSIÓN

La conclusión es un *balance* de nuestras observaciones, que ahora reducimos a sus líneas generales.

Y es también una *impresión personal*.

Examinemos por separado ambas cualidades.

44. LA CONCLUSIÓN COMO BALANCE

En la conclusión debemos atar, reducir a líneas comunes, los resultados obtenidos en nuestro análisis. No se trata de sumar dichos datos, en una farragosa enumeración, sino de resaltar su rasgo común.

Para ello volveremos de nuevo al *tema* y lo carearemos con la *forma*, en su conjunto. He aquí una conclusión posible, en nuestra explicación del texto de Azorín.

«Una gran sencillez apreciamos en todo el fragmento; las frases son cortas, las palabras de uso normal. El autor conquista nuestra simpatía para aquel niño que deambula y vive solo sin recibir una palabra, un gesto de ternura. Logra esto por el descuido en que vemos vivir al muchacho y la acumulación de rasgos violentos en el padre, que así abandona sus obligaciones. Y también por la delicada alusión a la madre, ya desaparecida, cuyas manos hubieran velado amorosamente por el hijo. La nota de soledad, fundamental en el tema, se comunica por rasgos gramaticales muy frecuentes y variados. La frase final parece anunciar otro tema que quizá desarrolle Azorín en algún otro lugar de *Tomás Rueda:* la incompatibilidad entre el niño y el caballero.»

45. LA CONCLUSIÓN COMO IMPRESIÓN PERSONAL

La conclusión debe acabar con una opinión *sincera* sobre el fragmento. Normalmente, en los textos que nos sean propuestos, tendremos que alabar, porque su calidad así lo exija. Pero otras veces, su sentido *moral*, su *tema* o su *forma* no nos agradarán, y debemos decirlo.

Atención: No vayamos a demostrar con ello petulancia o desconocimiento.

Nuestra opinión será *modesta* y *firme*. Y carecerá de fórmulas hechas como:

Es un pasaje muy bonito...   (¡No usar nunca las palabras *bonito* o *lindo* en la explicación!)

Tiene mucha musicalidad...
Describe muy bien y con mucho gusto...
Parece que se está viendo...

Y se referirá sólo al pasaje que comentamos, sin tener en cuenta opiniones ajenas. Podríamos rematar la conclusión del examen del texto de Azorín así:

«El fragmento, todo, nos agrada por lo ceñido que el lenguaje se presenta, en relación con el tema. Y resulta inquietante esa situación en que padre e hijo se encuentran. Una atmósfera de misterio rodea a la casa, al caballero... ¿Quién es este? ¿Quién es su hijo? El escritor que con tan escuetos trazos nos ha cautivado es, sin duda, un gran artista.»

Este es, en sustancia, el método de comentario de textos que proponemos.

Confiamos en que se haya leído atentamente todo lo que llevamos dicho.

Y tenemos la esperanza de que se haya comprendido *todo*.

Quizá nuestros lectores estén aún bastante inquietos porque no se sienten capaces de aplicar el método por sí mismos.

Un poco de paciencia: antes hay que leer lo que falta, relativo a las normas concretas de aplicación del método.

Instrucciones para la práctica del comentario

46. ELEMENTOS NECESARIOS PARA LA EXPLICACIÓN

El profesor nos ha propuesto un texto, para explicarlo por escrito. Estamos en casa o en el estudio de nuestro centro escolar.

Precisamos tener a mano:

El papel que va a servirnos de borrador.
Un Diccionario de la Lengua española.
Todos los manuales de Lengua y Literatura que hayamos estudiado hasta ahora[1].
Y este librito.

Todo ello es imprescindible.

47. UN TEXTO DE LOPE

Veamos ahora el texto que debemos comentar.

> Las pajas del pesebre,
> niño de Belén,
> hoy son flores y rosas.
> mañana serán hiel.
> 5 Lloráis entre las pajas,
> de frío que tenéis,
> hermoso niño mío,
> y de calor también.
> Dormid, Cordero Santo,

---

[1] Sirven los de cualquier autor. Para los razonamientos que van a seguir, emplearemos los publicados por la Editorial Anaya (Salamanca). Pero, repetimos, pueden utilizarse cualesquiera.

10   mi vida, no lloréis,
que si os escucha el lobo
vendrá por vos, mi bien.
Dormid entre las pajas,
que aunque frías las veis,
hoy son flores y rosas,
mañana serán hiel.

Inmediatamente numeramos los versos (o las líneas de prosa, en su caso) de 5 en 5, y procedemos a aplicar todas y cada una de las fases del método.

Aplicación de la fase I

48. MANEJO DEL DICCIONARIO

Según decíamos en el § 18, el comentario empieza por una lectura *lenta* y *atenta* del texto.

Leamos despacio estos versos de Lope, dispuestos a comprenderlos en su totalidad.

Realmente es fácil, todo resulta transparente, ligero, bello... Alguien[2] se dirige al Niño Jesús, recién nacido, e intenta calmar su llanto y dormirle, anunciándole que le esperan dolores mayores que el frío.

¿Se comprenden todas las palabras? Creemos que sí... Aunque quizá ofrezca duda el significado de *hiel*. El Diccionario la resolverá. Por fortuna, esta palabra tiene pocas acepciones: «Hiel.—1. Bilis // 2. Amargura.»

¿Cuál de ellas apuntaremos en el borrador?

---

[2] Puede pensarse que es la Virgen María quien habla. No sería un grave error afirmarlo, puesto que no hay otros elementos de juicio. Este poemilla figura en la obra de Lope de Vega *Pastores de Belén*, y lo canta la pastora Tebandra.

> **REGLA**: Sólo nos interesa la acepción que conviene al texto.

En este caso es muy fácil ver que la acepción conveniente es *amargura:* quien canta le dice al Niño que mañana las pajas se convertirán en amargura y dolor.

Pero, a veces, resulta dificultoso dar con el significado que conviene a la palabra en aquel pasaje. *Para lograrlo, basta con sustituir mentalmente en el texto la palabra problemática por sus diversas acepciones, hasta que se realice un ajuste perfecto.*

Es una pésima costumbre la de muchos que, cuando no saben el significado de una palabra latina o española, la buscan en el Diccionario y apuntan *todas* sus acepciones. *Desde el principio, tenemos que esforzarnos en descubrir la acepción justa que conviene a aquel texto.*

Todo lo demás está claro. Sí, ya sabemos que algún lector se está preguntando por qué las pajas del pesebre son hoy flores y serán mañana hiel. Pero esto corresponde a la *interpretación*, no a la acepción de las palabras; y hemos dicho, en el § 19, que la interpretación no procede hasta la fase V de la explicación.

Aplacemos, pues, la cuestión y pasemos a la fase II.

Aplicación de la fase II

49. GÉNERO LITERARIO DEL TEXTO

En primer lugar, debemos saber si aquel texto es *independiente* o si es un *fragmento*. Esto, ordinariamente, se nos advierte al fijar el texto. Como, en este caso, no se nos dice nada, habremos de pasar esta cuestión por alto[3].

Inmediatamente debemos preguntarnos por el *género literario* a que pertenece, esto es, si se trata de un poema lírico, de un fragmento de una obra dramática, una novela, un cuento, etcétera.

En nuestro borrador anotaremos:

El texto es un poemita lírico de Lope de Vega.

¿Seremos capaces de precisar el subgénero lírico a que este poema pertenece? Sí, porque muchas veces hemos leído u oído poemas parecidos, en los que el poeta canta un tema navideño, con versos de arte menor. Se trata de un *villancico*.

[Borrador]: *Se trata de un villancico.*

Busco ahora en el Vocabulario que va al final de este libro la palabra *villancico*, por si hay alguna idea útil. Se describe en él la estructura del villancico... Es importante, pero de momento no nos interesa la estructura; luego volveremos a consultar el Vocabulario, cuando lleguemos a la fase IV. Ahora estamos *localizando* el texto.

Ya hemos terminado la primera tarea, que es la *definición del género literario del texto*.

Pero la localización no ha terminado. ¿Qué resta por hacer?

> *Si se trata de un texto completo*, debemos localizarlo dentro de la obra total del autor.
> *Si se trata de un fragmento*, hemos de localizarlo dentro de la obra a que pertenece, y dentro de la obra total del autor.

---

[3] Se trata, en realidad, de un fragmento.

Como no se nos ha dicho si nuestro villancico es un texto completo o fragmentario, y como aparentemente posee sentido total, nos consideraremos en el primer caso. Más adelante (§§ 61-64) pondremos ejemplos del segundo.

50. LOCALIZACIÓN DEL VILLANCICO

Necesitamos ahora manejar los manuales de Lengua y Literatura, que nos proporcionarán noticias útiles en esta fase.

Sería muy conveniente —si ello es posible— que los alumnos manejasen colecciones de obras preparadas para escolares. Así, la Biblioteca Anaya; la de Letras Hispánicas, publicada por Ediciones Cátedra, o la de Clásicos Ebro. Sus prólogos y sus notas proporcionan informaciones preciosas para esta y para las restantes fases de la explicación. Cuando se señale un fragmento cualquiera, es oportuno preguntar al profesor si la obra a que pertenece está publicada en esas colecciones. Si lo está, debe solicitarse en la biblioteca o, mejor, debe adquirirse. Los escolares deben empezar desde jóvenes a formar su biblioteca particular.

Si se busca en uno de ellos el capítulo dedicado al Fénix, se halla esta noticia: «Lope de Vega fue un gran poeta lírico y épico, escribió algunas excelentes obras en prosa: pero su importancia estriba en haber sido el fundador del teatro nacional.»

Puede razonarse, por tanto: este villancico forzosamente ha de tener escasa importancia en la obra total de Lope (y, sin embargo, es una de sus más bellas composiciones líricas).

En la página 129 se lee: «en su lírica destacan sus romances, letrillas, bailes y villancicos, que poseen un extraordinario garbo popular ... Lope es el genio de la poesía de inspiración popular».

[Borrador]: *Aunque este villancico tenga escasa importancia si se considera el conjunto de la obra de Lope, resulta en cambio ilustrativo de su inspiración popular, tan importante en él. Escribió muchos villancicos.*

Más adelante se dice: «Dos poderosas corrientes vienen a nutrir la inspiración lírica de Lope de Vega: los sucesos de su propia vida, y las creencias del pueblo español de su época. A esto último se alude cuando se dice que Lope es un poeta *popular*.» El manual afirma luego que Lope es un gran poeta religioso. Estamos, pues, en condiciones de escribir:

[Borrador]: *En cuanto poeta afín a los sentimientos del pueblo, una de las vetas de su temática fue la religiosa. Popularismo y religiosidad existen claramente en este villancico.*

Aplicación de la fase III

51. DETERMINACIÓN DEL TEMA

Ya tenemos localizado el villancico, en la medida en que esto nos ha sido posible. Quizá manejando otros libros podríamos haberlo hecho con más precisión, pero nos hemos limitado voluntariamente a un manual. Naturalmente, los alumnos de grados superiores pueden recurrir a libros y artículos especializados.

Pasamos ahora a la tercera e importantísima fase del comentario: la determinación del tema.

Por favor, reléanse antes los §§ 22-28 de este libro.

Fijémonos en que una persona invita al Niño Jesús a que se duerma, aunque las pajas del pesebre estén frías. Pero la razón que le da no es siempre persuasiva; a la infantil amenaza de que puede venir el lobo, añade otro motivo bien extraño: esas heladas pajas son hoy flores, pero mañana se convertirán en hiel. ¿Cómo justificar esta torpeza, que, de entenderla el Niño, habría de intranquilizarle aún más?

Evidentemente, sólo una persona acongojada por los presagios de la Pasión, que no pudiera refrenar su inmensa pena, podría cantar de este modo.

Tenemos, pues, los elementos fundamentales del tema, que podríamos enunciar así:

Invitación que una persona[4] acongojada por los presagios de la Pasión, dirige al Niño Jesús recién nacido, para que cese en el llanto que le producen las molestias del pesebre, y se duerma.

En el borrador, escribiremos el tema, subrayándolo, porque ha de guiar nuestro comentario de ahora en adelante.

Aplicación de la fase IV

52. DETERMINACIÓN. DE LA ESTRUCTURA MÉTRICA

Cuando el texto está en verso, la fase IV de la explicación comienza por la determinación de la estructura métrica de dicho texto.

Es necesario que se tengan siempre presentes las nociones de métrica que se hayan estudiado. En el Vocabulario final de este libro se hallarán definiciones precisas.

En el Vocabulario hemos encontrado la siguiente definición de *villancico*: «Composición poética de arte menor, formada por una cancioncilla inicial —el *villancico* propiamente dicho— seguida de una o varias estrofas, llamadas *mudanzas*, seguidas a su vez de un verso *de enlace* y otro verso *de vuelta*

---

[4] La llamaremos *cantor*, dado que el villancico es una composición destinada al canto.

que rima con el villancico inicial, anunciando la repetición parcial o total de este. La parte del villancico que se repite se llama *estribillo*.»

Si aplicamos esta descripción al poemilla de Lope, su estructura métrica queda clara. Hela aquí:

Villancico {
Las pajas del pesebre,
niño de Belén,
hoy son flores y rosas, } Estribillo
mañana serán hiel. }

Mudanza 1.ª {
Lloráis entre las pajas
de frío que tenéis,
hermoso niño mío,
y de calor también.

Mudanza 2.ª {
Dormid, Cordero Santo,
mi vida, no lloréis,
que si os escucha el lobo,
vendrá por vos, mi bien.

Verso de enlace Dormid entre las pajas,
Verso de vuelta que aunque frías las veis,

Estribillo {
hoy son flores y rosas,
mañana serán hiel.

No le habrá pasado a nadie por las mientes incorporar la definición del villancico a la explicación, porque no se ha olvidado que el texto no es un pretexto.

Fácilmente, al repasar la parte de métrica referente a estrofas, se habrá advertido que las mudanzas de este villancico son dos *coplas*. Pero como todas las partes del mismo tienen una misma rima (asonante* en los pares), podemos interpretar que se trata de un *romance**.

Observemos también que los versos no son octosílabos: todos ellos tienen siete sílabas —en los versos 11 y 14 hay sinalefa; *si os* y *escucha el; que aunque*–, menos el segundo, que es hexasílabo.

Tendremos que concluir (véase *romance* en el Vocabulario final) que es un *romance endecha* irregular*.

Es posible que no se sepa justificar el porqué de esa irregularidad métrica. Si se ha leído el Vocabulario final con atención, se habrá hallado esta definición: «*Versificación irregular o amétrica*. Versificación caracterizada por el empleo de versos de desigual medida, con deliberado descuido del poeta. Es la forma típica de los cantares de gesta y de los poemas juglarescos. La irregularidad se desechó a partir del siglo XVI por los poetas cultos, pero la emplearon hasta el XVII en la lírica de inspiración popular.»

53. CONTINÚA LA FASE IV

Realizada esta descripción métrica del texto, nos desentendemos por el momento de que está en verso.

Si no lo hiciéramos así, podríamos caer en la tentación de creer que el texto poseía tantos apartados como estrofas, y ello –como hemos advertido en el § 36– no es siempre cierto. Ahora vamos a verlo, en el caso de nuestro texto.

Para fijar los apartados, leamos lo que el texto dice, sin preocuparnos de cómo lo dice.

Cuando el texto está escrito en prosa, aquí comienza la fase IV del comentario.

En el villancico de Lope podemos apreciar claramente tres apartados:

a) el villancico inicial (exposición del presagio),

b) versos 5-8 (motivo del llanto),

c) versos 9-12 (invitación al reposo).

d) versos 12-16 (invitación al reposo y nueva aparición del presagio).

[Borrador]: *El villancico inicial forma el apartado a); expone el presagio. Los versos 5-8 constituyen el apartado b) y expresan los motivos del llanto. En el apartado c) —versos 9-12— se invita al Niño al descanso. Por fin, los últimos cuatro versos —apartado d)— insisten en dicha invitación y repiten el presagio.*

Es chocante esta aparición, al final, de una nota del tema que aparecía en el primer apartado, ¿no es verdad? Ahora trataremos de darle una explicación, al llegar a la fase V.

Aplicación de la fase V

54. ORDEN DEL ANÁLISIS

Pasamos ahora a la fase V de la explicación, consistente en el *análisis de la forma partiendo del tema*. Constituye, como sabemos ya, el momento más importante de nuestro ejercicio.

Es necesario, por tanto, que sea releído con gran atención cuanto se ha dicho en los §§ 38-40 acerca de esta fase.

> No debe olvidarse ni un momento el principio fundamental que debe guiar nuestro trabajo: *El tema de un texto está presente en todos los rasgos formales de ese texto.*

¿Y qué orden seguiremos en nuestro análisis? El análisis de los elementos formales del texto debe hacerse a medida que esos elementos van apareciendo, sin pasar de uno a otro desordenadamente.

Dicho de otro modo: no analizaremos un verso o línea sin haber analizado el verso o línea anteriores.

55. ANÁLISIS DEL VILLANCICO

Recordemos el tema del villancico de Lope. Está ya apuntado en nuestro borrador (§ 51) y es el siguiente:

Invitación que una persona acongojada por los presagios de la Pasión dirige al Niño Jesús, recién nacido, para que cese en el llanto que le producen las molestias del pesebre, y se duerma.

Analizaremos los cuatro apartados sucesivamente.

> El análisis consiste en responder a una serie de *porqués* que vamos formulándonos.
>
> Ante cada rasgo de la forma que nos choque, nos preguntaremos: *¿por qué dice esto el autor?*
>
> Y trataremos de justificarlo como una exigencia del tema.

Apartado a)

Fijémonos en un hecho que ya nos ha llamado la atención al establecer la estructura del texto: el presagio de la Pasión aparece expuesto en este apartado y en el último, sin que figure en los dos apartados intermedios. El hecho ha de tener alguna significación; ¿cuál será?

Pensemos en alguien que nos dijese una cosa que la abandonase momentáneamente, y que acabase repitiéndonos lo que al principio nos había dicho. Tendríamos la evidencia de que, en su ánimo, «aquello» tenía una importancia especial.

Lo repetido aquí es el presagio acongojante de la Pasión; quien canta, parte de ese sentimiento profundo, e intenta evadirse de él: pero no lo consigue, porque al final *vuelve a enunciarlo*. Tendremos que suponer que esta es la nota dominante del tema.

> [Borrador]: *El villancico se abre exponiendo el presagio de la Pasión; luego se abandona este rasgo del tema, y aparecen otros: pero, en el apartado final, vuelve a resonar el presagio. Se observa la congoja del cantor. La nota de presagio acongojado parece ser la dominante del tema.*

Ahora que comprendemos bien el «movimiento» temático, podemos encararnos ya con el análisis propiamente dicho.

Las pajas del pesebre, / *niño de Belén.*—Es chocante que aquel afortunado visitante del Niño Jesús no se haya detenido en el grandioso significado sobrenatural del Nacimiento, que haría olvidar la pobreza material de la escena. Casi todos los villancicos que conocemos son alegres, porque exaltan la venida del Redentor.

Pero este es extrañamente triste. Nos obliga a fijarnos en la miseria, en la pobreza física del acontecimiento. De todo aquello, la pupila del cantor ha seleccionado las pajas del pesebre, que punzan al recién nacido. ¿Por qué? Sólo hay una explicación: porque su ánimo —entre tanta alegría— está agobiado por un presentimiento (tema).

> [Borrador]: *La nota fundamental del tema —la congoja por el presagio de la Pasión— se revela ya en el hecho de que el cantor no se ha sentido atraído por las magnificencias sobrenaturales del Nacimiento, sino que se ha fijado en un detalle entristecedor: las pajas del pesebre, que punzan al recién nacido.*

Hoy son flores y rosas.—¿Por qué esas pajas son hoy flores y rosas? Se nos ocurrirá una respuesta en seguida: porque hoy, día del Nacimiento, acogen el cuerpo del Redentor, y este contacto transforma su áspera contextura en flores, única criatura digna, por su naturaleza delicada, de aquella función.

Pero ¿no habrá otro significado oculto? Bien puede ser. Fijémonos en el verso siguiente. Está claramente contrapuesto a este: frente a *hoy*, *mañana;* frente a *flores y rosas*, *hiel.* Entre ambos elementos hay una antítesis*. Por otra parte, al reiterarse el estribillo al final, se dice: «dormid, que aunque veis frías las pajas, hoy son flores y rosas ...».

No parece, pues, que las pajas hayan cambiado de naturaleza: están allí frías y punzantes; no son flores. ¿Por qué, pues, el cantor afirma que *son flores y rosas?*[5] Sencillamente, porque mañana (durante la Pasión) serán muchísimo más crueles.

Ocurre lo mismo que si a uno, a quien duele una muela, alguien le dice: «Eso es un placer comparado con el daño que te harán cuando te la arranquen.»

[5] La expresión *flores y rosas*, que parece redundante, aparece en nuestra poesía desde la Edad Media. Han intentado explicarla diversos investigadores —como J. Fucilla y M. Morreale—; parece aludir al cuidado «distinto que requieren las *rosas* y las plantas anuales y bienales que se designan con el nombre colectivo de *flores».*

Se trata de un modo de poner de relieve el dolor de mañana. El cantor no está pensando en lo que ve: la gozosa presencia del Niño en el pesebre; su corazón está angustiado por lo que sabe: la Pasión. Es esto lo que nuevamente vuelve a aparecer, la nota dominante del tema.

> [Borrador]: *La interpretación más sencilla del verso tercero es esta: las pajas se han convertido en flores y rosas, al contacto con el cuerpo divino. Pero en el verso 6, y en el 15, vuelve a hablarse de frío y de frías pajas. Dado que la nota de angustia domina en este apartado, parece lógico pensar que el significado verdadero del verso es este: a pesar de que punzan y de que están frías, hoy esas pajas son flores y rosas, si las comparamos con la hiel que han de ser mañana. La nota fundamental del tema queda nuevamente confirmada.*

Mañana serán hiel.—Ya hemos visto que *mañana* se opone a *hoy*; y que si hoy es el día del Nacimiento, *mañana* se referirá a la Pasión.

¿En qué momento sufrió de nuevo punzazos el cuerpo de Cristo? ¿Hubo algún suplicio en la Pasión, en que la carne de Jesús se viese punzada? Evidentemente, en la coronación de espinas.

Pero en seguida asalta una duda: *las espinas no son pajas.* Efectivamente: tampoco las pajas son nunca *rosas* ni *hiel*, y el cantor, sin embargo, lo afirma. Lo que ocurre es que en su angustia lo *ve* así: aquellas pajas que punzan el cuerpo del Niño, se transmutan, por la angustia de su presagio, en la corona que punzará las sienes de Cristo.

> [Borrador]: *El verso 4 es de muy difícil interpretación: ¿Cómo las pajas serán amargura mañana? Evidentemente ese mañana es la Pasión. Y, en ella, una vez el cuerpo de Cristo fue punzado: en la coronación de espinas. ¿Querrá decir el cantor que estas pajas, hoy simplemente molestas, serán mañana punzantes y amargas?*

Apartado b)

Se nos expone aquí, como hemos dicho, el motivo del llanto del Niño.

Lloráis entre las pajas, / de frío que tenéis.— Poco comentario requieren estos versos, tan claros y sencillos. La pupila angustiada del cantor aísla otra circunstancia penosa del Nacimiento: el frío. Sigue sin aparecer ninguna alusión a lo sobrenatural: allí está el Niño, sufriendo en su cuerpo humano.

Observemos que podría haber dicho: lloráis *sobre* las pajas, dado que Jesús estaba echado encima de ellas. ¿Por qué usará *entre?* Seguramente para insistir en la incomodidad del pesebre (tema): las pajas hieren no sólo la espalda del recién nacido, sino también sus costados.

> [Borrador]: *El cantor insiste en la incomodidad del pesebre, usando la preposición* entre *y no* sobre, *que lógicamente sería más adecuada. Con ello sugiere que no sólo la espalda de Jesús, sino también sus costados, son heridos por aquellas heladas pajas.*
> *El verso siguiente vuelve a mostrar una misma consideración humana del recién nacido: llora de frío.*

*Hermoso niño mío.—*Las canciones de cuna —y esta lo es— suelen invocar al niño mediante un vocativo. El cantor muestra su afectividad, su cariño, con algún adjetivo elogioso —aquí *hermoso—,* y frecuentemente, como en este caso, con el posesivo *mío.*

Observemos que, en el verso 2, invoca al *niño de Belén* sin ningún adjetivo. Y que en este hay dos de gran valor afectivo.

Observemos también que el adjetivo *hermoso* va antepuesto. ¿Tendrá esto algún significado? Convendrá revisar la Gramática, por si nos da alguna luz. En el capítulo referente al adjetivo encontramos esto: «El adjetivo, cuando va pospuesto, no hace más que añadir una cualidad al sustantivo. *Pero cuando va antepuesto, la cualidad se pone de relieve, y el hablante la presenta con especial afecto»* [6].

Todo, pues, contribuye en este verso a intensificar el tono emotivo.

[Borrador]: *En el verso 2 se invocaba al niño de Belén, sin ningún rasgo que denotase afecto o emoción. El verso 7, por el contrario, constituye un vocativo lleno de ternura; como es ordinario en las canciones de cuna, el cantor se dirige al niño con un adjetivo elogioso —hermoso— y un posesivo igualmente afectivo: mío. La anteposición del adjetivo contribuye a concentrar el sentimiento de amor y de pena (tema) del cantor, en este verso. Hasta ahora el cantor se limitaba a exponer. Ahora deja asomar su refrenada e inconfundible emoción.*

*Y de calor también.—*Clara antítesis con el verso 6; allí se nos decía que el Niño lloraba de frío; ahora, que llora de calor.

¿Qué *calor* será este que hace llorar a Jesús? No se trata, evidentemente, de calor físico: en el portal de Belén hace frío, muchísimo frío. Se trata de otro calor. ¿Cuál?

Recuérdese lo que decidió a nuestro Creador a nacer como hombre y a someterse a los tormentos físicos de la Pasión. La vida y la pasión de Cristo constituyen la *Redención.* Y esta, como en las clases de Religión se estudia, fue motivada por el *amor.*

Bien sabido es que el amor se expresa poéticamente, muy a menudo, como un fuego o un ardor en el alma. Se habla del «corazón ardiente» de Jesús. El verso alude, sin duda alguna, al amor de Cristo hacia sus criaturas. Por ese amor nació, por él sufre y, por tanto, por él llora. El cantor ha

---

[6] «Textos Anaya», *Lengua española*, 2.º curso, pág. 49.

concentrado, mediante una sabia antítesis, todos estos significados: el niño llora de frío, en cuanto criatura humana; y de calor, porque aquellos sufrimientos se los ha impuesto su amor divino.

[Borrador]: *El cantor, tras ese punto de emoción alcanzado en el verso 7, invoca, en el siguiente, la naturaleza divina de Jesús; el fuego de su amor —el calor— es la causa indirecta de ese llanto que le ocasiona el frío del portal. Se alude a ello mediante una rápida antítesis —frío-calor—; esta concentración es un prodigio expresivo.*

Apartado c)

Dormid, Cordero santo, / mi vida, no lloréis.— Comienza en este verso otra modulación del tema: la invitación al Niño para que cese de llorar y se duerma. Aparece un nuevo vocativo —*Cordero santo*—, que hace alusión a la naturaleza divina de Jesús, ya apuntada, como hemos visto, en el verso anterior.

¿Por qué llamará al Niño *Cordero Santo?* Todos sabemos que es frecuente imaginar y aun representar a Jesús como un cordero. (Así lo vio San Juan en el *Apocalipsis.*) Ello se debe a que, mediante esa metáfora, se alude a Cristo en cuanto *víctima* de un sacrificio.

El tema, pues, justifica la elección de esta invocación entre todas las posibles: el acongojado cantor «sabe» que aquel hermoso niño está destinado a ser sacrificado en la Cruz; es un *Cordero santo.*

La emoción que embarga al cantor estalla todavía con otro vocativo —*mi vida*— en el verso 10.

[Borrador]: *Los versos 9 y 10 contienen la nota dominante de este apartado: la invitación a la tranquilidad y al reposo. Pero el cantor sigue poseído por la emoción, que se plasma en dos nuevos vocativos:* Cordero santo *y* mi vida. *Y esa emoción no es precisamente alegre; continúa pensando en la Pasión, porque, de todos los nombres que suelen darse a Cristo, él ha elegido, precisamente, el de Cordero, esto es, el de víctima propiciatoria para un sacrificio: el de la Cruz.*

Que si os escucha el lobo / vendrá por vos, mi bien. Aparece aquí otro rasgo también frecuente en las canciones de cuna: la amenaza con la venida del lobo.

Quizá esto no signifique más que lo que leemos literalmente; pero quizá aquella alma angustiada simbolice en el lobo los enemigos que iba a encontrar Cristo durante toda su vida. El cantor, lleno de amor —que se plasma en un último vocativo, *mi bien*—, desea que el Niño calle, no vaya a adelantar la persecución.

[Borrador]: *El apartado termina con una amenaza cariñosa, típica de las canciones de cuna: la venida del lobo. No es mucho imaginar que el lobo simboliza, en este punto, a los muchos enemigos que iba a encontrar Cristo en su vida. Y el cantor, lleno de amor —que se plasma en un último vocativo, mi bien—, querría que el llanto no atrajese a sus enemigos, desearía que la persecución no se iniciase nunca para Jesús.*

Apartado d)

Como ya hemos dicho, este apartado recoge los dos motivos antes desarrollados: la invitación al reposo y el presagio. Este —el estribillo— cierra el texto, que queda así dominado por una dramática nota: el presentimiento de la Pasión.

[Borrador]: *Ya he apuntado que este último apartado une dos aspectos del tema antes desarrollados, repitiéndolos: la invitación al reposo y el presagio. Un reposo casi imposible, entre las frías pajas; y un presagio torturante: el de la Pasión. El estribillo, que expone el amenazador presentimiento, cierra el texto, con lo cual este queda empapado de tristeza.*

Hemos terminado con esto nuestro análisis. Nos hemos detenido en casi todos los rasgos formales, pero han quedado algunos sin examinar (las formas *lloráis, dormid, os escucha*, en vez de *lloras, duerme, te escucha*, y algún otro). Reténgase esto:

> En una explicación, no es preciso comentar todos los elementos del texto, sino aquellos tan sólo que confirman claramente el principio fundamental.

Redacción del ejercicio[7]

56. EL EJERCICIO EN LIMPIO, ANTES DE REDACTAR LA CONCLUSIÓN

Hemos terminado las fases más importantes del comentario. Falta sólo una: la *conclusión*.

Conviene que, antes de redactar esta, organicemos las notas que hemos ido tomando en el borrador. Así, con el esfuerzo de ir dando forma definitiva a nuestras observaciones, se irán perfilando mejor aquellos rasgos de carácter general que deben pasar a la conclusión.

57. EMPLEO DEL BORRADOR

Como hemos seguido, una tras otra, las fases del método, las notas del borrador aparecen ya ordenadas.

Pero el ejercicio no consiste en ensartarlas, en ponerlas seguidas como las cuentas de un collar, sino en trabarlas como los eslabones de una cadena.

Estas notas, en nuestro análisis, son bastante extensas y precisas, ya que así convenía por motivos didácticos; pero es muy probable que, cuando los escolares realicen sus ejercicios, las cuiden menos, las reduzcan a un apunte rápido y poco desarro-

---

[7] Pensamos que este capítulo puede tener interés para los alumnos principiantes y para cuantos carecen de experiencia en este tipo de quehacer literario.

llado. El ejercicio requerirá, entonces, mayor elaboración.

Además, es muy posible que haya observaciones desdeñables; otras serán poco cuidadas y reiterativas ...

Y quizá, en el momento de la redacción, observemos algunos detalles del texto que antes no habíamos visto, y que interesará incorporar al ejercicio en el lugar en que, según el orden de lectura, corresponda hacerlo.

> El borrador es sólo un elemento auxiliar, si bien imprescindible; sus observaciones, si es preciso, pueden ser refundidas, rechazadas, ampliadas, cambiadas de orden, etc., en este momento definitivo de la explicación que es la redacción del ejercicio.

58. UNA MUESTRA DE EJERCICIO DEFINITIVO

Para ver cómo puede redactarse el ejercicio definitivo, ponemos a continuación, en una columna, las notas que hemos ido tomando en el borrador, y en la otra la versión final.

Como, según hemos dicho, las notas de nuestro borrador están bastante elaboradas, la redacción del ejercicio ofrecerá pocas dificultades.

No somos partidarios de poner epígrafes ni títulos a las diversas partes del trabajo. Pero no hay inconveniente en que se pongan.

Explicación de textos

LOPE DE VEGA: *Las pajas del pesebre*

[Borrador]	[Versión definitiva]
[Fase II]	
El texto es un poemita lírico de Lope de Vega. Se trata de un villancico.	El texto que debemos comentar es un villancico de Lope de Vega, con tema navideño y, como veremos, con estructura típica de este subgénero lírico.
Aunque este villancico tenga escasa importancia, si se considera el conjunto de la obra de Lope, resulta en cambio ilustrativo de su inspiración popular, tan importante en él. Escribió muchos villancicos.	Evidentemente, el poemita no es algo excepcional en la abundantísima y variadísima obra de Lope. Pero, en su calidad de villancico, es un buen ejemplo de este tipo de composiciones que le resultaban tan gratas. Había algo en su espíritu que le inclinaba a este tipo de poesías sencillas y fragantes.
En cuanto poeta afín a los séntimientos del pueblo, una de las vetas de su temática fue la religiosa. Popularismo y religiosidad existen claramente en este villancico.	En efecto, Lope es el genio de la poesía popular. Queremos decir con ello que supo interpretar como nadie el espíritu de sus contemporáneos, una de cuyas notas más características fue la religiosidad. El villancico es un testimonio del popularismo lopesco, en cuanto composición religioso-popular.

[Fase III] Tema:

Invitación que una persona acongojada por los presagios de la Pasión, dirige al Niño Jesús, recién nacido, para que cese en el llanto que le producen las molestias del pesebre, y se duerma.

El tema es sencillo y tierno. Se trata de una invitación que una persona —la que canta el villancico—, acongojada por los presagios de la Pasión, dirige al Niño Jesús, recién nacido, para que cese en el llanto que le producen las molestias del pesebre, y se duerma.

[Fase IV] Estructura:

El poemita es un villancico, con todas sus partes (villancico, estribillo y mudanzas) bien delimitadas. · Estróficamente constituye un romance endecha irregular. Hay sinalefa en los versos 11 y 14; y el 2 es hexasílabo.

Como ya hemos dicho, este villancico posee la estructura normal de tal tipo de composiciones: un villancico inicial (versos 1-4), con su estribillo (versos 3-4); las mudanzas se desarrollan en los versos 5-12; el 14 es el verso de vuelta, que enlaza con el estribillo final. Riman los versos pares en asonancia, y quedan libres los impares. Y como se trata de heptasílabos —con sinalefa en los versos 11 y 14—, menos el segundo que es hexasílabo, la estrofa es un romance endecha irregular.

Esta irregularidad es un rasgo más del carácter popular de este poemilla.

Tal irregularidad métrica es una prueba más del carácter popular que ha querido infundir Lope a este villancico.

El villancico inicial forma el apartado a); expone el presagio. Los versos 5-8 constituyen el apartado b), y expresan los motivos del llanto. En el apartado c) —versos 9-12—, se invita al Niño al descanso. Por fin, los últimos cuatro versos —apartado d)— insisten en dicha invitación, y repiten el presagio.

La ligera y sencilla materia del tema se reparte, sin embargo, en cuatro apartados bien caracterizados. Se abre el poema con la exposición del presagio —apartado a), versos 1-4—: el apartado b) comprende los versos 5-8, y anuncia los motivos del llanto; en el apartado c) —versos 9 a 12— se invita al Niño a descansar; y, por fin, los últimos cuatro versos —apartado d)— repiten la invitación y el presagio.

[Fase V] Apartado a)

El villancico se abre exponiendo el presagio de la Pasión;

Es curiosa esta distribución de la materia poética. El hecho de que el

73

luego se abandona este rasgo del tema, y aparecen otros, pero en el apartado final, vuelve a resonar el presagio. Se observa la congoja del cantor. La nota del presagio acongojado parece ser la dominante del tema.

La nota fundamental del tema —la congoja por el presagio de la Pasión— se revela ya en el hecho de que el cantor no se ha sentido atraído por las magnificencias sobrenaturales del Nacimiento, sino que se ha fijado en un detalle entristecedor: las pajas del pesebre, que punzan al recién nacido.

La interpretación más sencilla del verso 3 es esta: las pajas se han convertido en flores y rosas, al contacto del cuerpo divino. Pero en el verso 6, y en el 15, vuelve a hablarse de frío y de frías pajas. Dado que la nota de angustia domina en este apartado, parece lógico pensar que el significado verdadero del verso es este: a pesar de que punzan y están frías, hoy esas pajas son flores y rosas, si las comparamos con la hiel que han de ser mañana. La nota fundamental del tema queda nuevamente confirmada.

El verso 4 es de muy difícil interpretación: ¿cómo las pajas serán hiel mañana? Evidentemente, ese mañana es la Pasión. Y en ella, el cuerpo de Cristo fue una vez punzado: en la coronación de espinas. ¿Querrá decir el cantor que estas pajas, hoy simplemente molestas, serán mañana punzantes y amargas?

presagio acongojado del cantor aparezca al principio y al fin del texto, da a entender que es esa la nota dominante del tema.

Las pajas del pesebre, / niño de Belén. Una prueba de ello lo tenemos en el hecho de que la mirada del cantor ha atravesado, sin fijarse en ellas, las magnificencias sobrenaturales del Nacimiento, para ir a posarse, desde el principio, en detalles entristecedores: ahora, en las pajas del pesebre, que punzan al recién nacido.

Hoy son flores y rosas. Sin embargo, este verso 3 podría hacernos pensar que aquel detalle queda súbitamente embellecido: las pajas, en contacto con el cuerpo de Jesús, se convierten en flores y rosas. Pero a esta interpretación se opone el que, en los versos 5-6 y 13-14, el cantor vuelve a ponderar la frialdad de las pajas. La interpretación, pues, parece otra. Proponemos la siguiente: hoy esas pajas son flores y rosas, si las comparamos con la hiel que han de ser mañana. Se trata de un recurso muy frecuente en el idioma: la ponderación de algo mediante su contrario, en muy diversas combinaciónes. La nota fundamental del tema queda así nuevamente confirmada.

Mañana serán hiel. Este verso forma una dura antítesis con el anterior. Pero su significado literal no resulta claro. El mañana a que se refiere el cantor es, indudablemente, la Pasión. La oscuridad estriba en saber por qué las pajas, que tanto molestan hoy, serán durante la Pasión hiel. En ella, Cristo fue coronado de espinas, y la sangre corrió por su frente. ¿Aludirá este verso a dicho suplicio? ¿Se confundirán en la mente apesadumbrada del cantor las pajas y las espinas, como instrumentos de tortura?

Apartado b)

El cantor insiste en la incomodidad del pesebre, usando la preposición entre y no sobre, que lógicamente sería más adecuada. Con ello sugiere que no sólo la espalda de Jesús, sino también sus costados, son heridos por aquellas heladas pajas.

El verso siguiente vuelve a mostrar una misma consideración humana del recién nacido: llora de frío.

En el verso 2 se invocaba al niño de Belén, sin ningún rasgo que denotase afecto o emoción. El verso 7, por el contrario, constituye un vocativo lleno de ternura; como es ordinario en las canciones de cuna, el cantor se dirige al niño con un adjetivo elogioso —hermoso— y un posesivo igualmente afectivo: mío. La anteposición del adjetivo contribuye a concentrar el sentimiento de amor y de pena —tema— del cantor, en este verso. Hasta ahora, el cantor se limitaba a exponer. Ahora deja asomar su refrenada e inconfundible emoción.

El cantor, tras este punto de emoción alcanzado en el verso 7, invoca en el siguiente la naturaleza divina de Jesús; el fuego de su amor —el calor— es la causa indirecta de ese llanto que le ocasiona el frío del portal. Se alude a ello mediante una rápida antítesis (frío-calor); esta concentración es un procedimiento expresivo.

Lloráis entre las pajas, / de frío que tenéis. La mirada del cantor continúa posada en un penoso aspecto del Nacimiento. Su obsesión, su congoja —tema— se hace patente por la elección de la preposición *entre,* cuando quizá sería esperable otra, como *sobre.* El efecto es inmediato: nos damos cuenta de que no sólo la espalda de Jesús, sino también sus costados, son heridos por aquellas heladas pajas. Parece no existir otra consideración que la estrictamente humana: Jesús llora de frío, como cualquier niño del mundo en circunstancias semejantes.

Hermoso niño mío. Con este verso y el siguiente, el texto llega a su mitad. Hasta ahora, la emoción que, sin duda, embarga al cantor, ha estado refrenada; pero al alcanzar este punto central, se desata con un vocativo lleno de ternura, que irá seguido de otros varios. Los rasgos lingüísticos que expresan esa emoción son sencillos: el adjetivo valorativo *hermoso* —antepuesto, con lo cual se potencia afectivamente su significación— y el posesivo *mío.* Este tipo de invocaciones es frecuente en las canciones de cuna; pero lo que aquí le confiere un especial valor es el ser la primera de una serie que, como hemos dicho, va a sucederse, como si el ánimo del cantor, repleto de emoción *(tema),* se desbordase ahora.

Y surge, en este punto, la primera alusión a la naturaleza divina de Jesús, que llora «de calor» en el frío portal. Con esta rápida antítesis *(frío-calor)* se recoge todo el misterio de la Redención: en ella se concentra, prodigiosamente, la expresión del amor de Cristo, frecuentemente simbolizado por una llama, que le llevó a encarnar y morir como hombre para redimir a las criaturas. Este calor fue, pues, la causa de su frío actual y de todos sus padecimientos.

75

Apartado c)

Los versos 9 y 10 contienen la nota dominante de este apartado: la invitación a la tranquilidad y al reposo. Pero el cantor sigue poseído por la emoción, que se plasma en dos nuevos vocativos: Cordero santo y mi vida. Y esta emoción no es precisamente alegre; continúa pensando en la Pasión porque, de todos los nombres que suelen darse a Cristo, él ha elegido, precisamente, el de Cordero, esto es, el de víctima propiciatoria para un sacrificio: el de la Cruz.

La tensión emotiva continúa en los versos 9-10 y se hace patente en los vocativos Cordero santo y mi vida. Y sigue presente la obsesión del Calvario: al invitar al Niño a que repose, el cantor, como inconscientemente —pero el poeta no era inconsciente de ello— ha elegido el nombre de Cordero. Son muchos los nombres que se dan a Cristo, pero este va cargado de un triste significado porque lo designa como víctima de un sacrificio: el de la Cruz. La nota fundamental sigue, pues, resonando, aun en detalles que parecen insignificantes.

El apartado termina con una amenaza cariñosa, típica de las canciones de cuna: la venida del lobo. No es mucho imaginar que el lobo simboliza, en este punto, a los muchos enemigos que iba a encontrar Cristo en su vida. Y el cantor, lleno de amor —que se plasma en un último vocativo, mi bien— querría que el llanto no atrajese a esos enemigos, desearía que la persecución no se iniciase nunca para Jesús.

Por fin en los versos finales del apartado, parece que surge un rasgo intrascendente, por tópico en las canciones de cuna: la amenaza cariñosa con la venida del lobo. Pero en el conjunto de significados profundos que venimos descubriendo en este poemita, quizá no sea aventurado suponer que el lobo aludido es uno de los múltiples enemigos de Jesús, quizá el primero: Herodes. El cantor, lleno de santo amor, querría aplazar todo lo posible el comienzo de los sufrimientos del Niño.

Apartado d)

Ya he apuntado que este último apartado une dos aspectos del tema antes desarrollados, repitiéndolos: la invitación al reposo y el presagio. Un reposo casi imposible, entre las frías pajas; y un presagio torturante: el de la Pasión. El estribillo, que expone el amenazador presentimiento, cierra el texto, con lo cual este queda empapado de tristeza.

El apartado último reúne en una síntesis armónica los dos aspectos del tema antes desarrollados: la invitación al reposo y el presagio. Pero el reposo es casi imposible, entre las frías pajas; y el presagio se refiere a la Pasión. De este modo, el estribillo, que expone el amenazador presentimiento, cierra el texto, con lo cual queda afirmada en él una tristeza honda y desconsolada.

Aplicación de la fase VI

59. FINAL DEL EJERCICIO: La CONCLUSIÓN

Redactado ya el ejercicio en su parte más importante, queda la tarea de ponerle fin mediante la conclusión.

Recuérdese que, en la conclusión, debe realizarse un *balance* de los resultados obtenidos; y hay que dar una *opinión personal*, apoyándola en el análisis que acaba de realizarse.

Tratemos de establecer la conclusión en nuestro comentario del villancico.

60. PRIMER MOMENTO: BALANCE

Comenzaremos por releer el ejercicio, fijándonos en aquellas observaciones que, aun refiriéndose a cosas distintas, tienen un origen o una finalidad comunes.

He aquí un posible balance de nuestra explicación del villancico:

> En resumen, este villancico ofrece ocasiones de admirar la destreza con que, por medios muy diversos, se ha sabido expresar el cariño del cantor, que, enternecido por la fragilidad humana de Jesús, apenas si atiende a otros aspectos de la Redención que no sean los penosos de la Pasión. Las alusiones, sin embargo, a estos penosos acontecimientos se diluyen, como si el cantor quisiera refrenarlos para no entristecer al Niño; pero su corazón está tan lleno de pena, que no nos ha sido difícil descubrirla en multitud de rasgos.

61. SEGUNDO MOMENTO: IMPRESIÓN PERSONAL

Ha llegado el momento de formularnos estas preguntas: *¿Me gusta este texto? ¿Por qué?*

Recuérdese lo que decíamos, antes de contestar a la primera: si el texto no nos agrada, puede que sea por defecto de nuestro gusto, y no del texto. Esto no quiere decir que vayamos a falsear nuestra opinión: seamos firmes, pero modestos.

Al responder a la segunda, tratemos de apoyarnos en los datos que hemos obtenido.

Por fortuna, este villancico nos gusta, ¿verdad? Y sabemos por qué.

El poemita no tiene la sencillez intrascendente y aérea que cautiva en otros villancicos. Su originalidad, notable según se nos alcanza, reside en esa especie de temblor dolorido que corre por todo él. Y el lector se contagia por la virtud de tan aparentemente fáciles pero sabias y profundas maravillas.

Instrucciones
especiales acerca de las fases II y V

Fase II

La localización de un texto fragmentario

62. CASOS POSIBLES

Según hemos prometido en el § 49, vamos a poner algunos ejemplos de cómo debe procederse para localizar un texto, cuando este es un fragmento de una obra.

Pueden ocurrir tres casos:

1.º *El texto es un pasaje de una obra que conocemos (o podemos conocer) completa.*

2.º *El texto es un pasaje de una obra de la que sólo conocemos una parte: aquella a la que pertenece el texto.*

3.º *El texto es un pasaje de una obra de la que nada conocemos.*

En cualquiera de los tres casos, lo primero que debe hacerse es definir el género literario a que el texto pertenece. (Véase § 49.)

Veamos ahora cómo proseguiremos la localización, teniendo en cuenta cada una de las tres posibilidades.

63. EL TEXTO PERTENECE A UNA OBRA CONOCIDA

En este caso, la localización consistirá:

1.º *En referir la obra a que el texto pertenece, a la obra total del escritor.*

2.º *En situar exactamente el fragmento, dentro de la obra a que pertenece.*

Para hacer lo primero, consultaremos el manual de Literatura, en busca de datos acerca de la obra total del autor, del ambiente ideológico y artístico en que vive, etc. *En esto, procederemos con suma brevedad.*

Después, para realizar el segundo momento, narraremos *muy sucintamente* el argumento o plan de la obra a que pertenece el fragmento, y señalaremos en qué punto se inserta dicho fragmento.

Supongamos que se trata del siguiente pasaje, perteneciente a las *Coplas* de Jorge Manrique.

> **Este mundo es el camino**
> **para el otro que es morada**
> **sin pesar,**
> **mas cumple tener buen tino**
> 5 **para andar esta jornada**
> **sin errar.**
> **Partimos cuando nacemos,**
> **andamos mientras vivimos**
> **y llegamos**
> 10 **al tiempo que fenecemos,**
> **así que cuando morimos**
> **descansamos.**

Comencemos por leer completo el poema.

Después, buscamos en el manual la parte dedicada a Manrique. Allí podemos leer, por ejemplo, que este, «además de otras composiciones al gusto artificioso que predominaba en los poetas de su época, escribió estas *Coplas*, de hondo pensamiento y patética emoción, que le han hecho inmortal». Poco más adelante se dice que Jorge Manrique sobresale a gran altura entre los poetas del tiempo de los Reyes Católicos, «si no por su obra total, de tipo cortesano, a la moda que privaba en los *Cancioneros* de entonces, sí por una sola composición, que le ha dado fama imperecedera: las *Coplas a la muerte de su padre*. Se trata de una dolorosa *elegía* ...». Y más abajo: «El hombre medieval, con los ojos puestos exclusivamente en Dios, no admite más que *una vida terrena* (este valle de lágrimas) y una *vida sobrenatural* e imperecedera ... El Renacimiento añade a las dos vidas medievales una tercera vida: la de la *fama*. Al final del poema, la muerte consuela a don Rodrigo hablándole de la *fama gloriosa* que deja en la tierra. Por este rasgo, Jorge Manrique se encuentra en la encrucijada entre Edad Media y Renacimiento.»

[Borrador]: *Pertenece este fragmento a las célebres* Coplas a la muerte de su padre, *de Jorge Manrique. Este poema, uno de los más famosos de nuestra literatura, destaca a su autor entre todos los poetas de la época de los Reyes Católicos. Si Manrique, en el resto de su obra, se rinde a la moda artificiosa de los Cancioneros, en esta, dedicada a motivo tan próximo como doloroso, alcanza verdadera emoción.*

Estas coplas se encuentran en la encrucijada entre Edad Media y Renacimiento, porque en ellas aparece la idea de la fama (en su parte final).

Referido así el poema a la obra total del escritor y al momento en que escribe, hay que situar ahora el fragmento en el conjunto de las *Coplas*.

Estas Coplas *contienen una serie de meditaciones acerca de lo poco que importan los afanes terrenales; todas las glorias de este mundo han pasado. Lo único importante es merecer la vida sobrenatural y la vida de la fama. Ambas han sido conquistadas por el padre del poeta, don Rodrigo, a cuya memoria se consagran las últimas estrofas. El texto pertenece al comienzo (versos 49-60) y contiene una de aquellas meditaciones. En él, Manrique contrapone, aún al modo medieval, las vidas terrena y sobrenatural. La idea renacentista de la fama resonará más adelante, fuera ya del fragmento.*

Al poner el ejercicio en limpio, podemos elaborar así nuestras notas:

Pertenece este fragmento a una de las más famosas elegías de nuestra literatura: la de Jorge Manrique, titulada *Coplas a la muerte de su padre*. Una profunda emoción —nueva entre los artificiosos poetas de la época de los Reyes Católicos en que Manrique escribe— da vida a estos versos inmortales. En ellos, el autor medita acerca de la escasa importancia de las cosas del mundo, y canta, en las estrofas finales, la memoria de don Rodrigo, su padre.

El texto que nos ha sido propuesto pertenece al comienzo (versos 49-60). Aunque el sentido total de la elegía no sea estrictamente medieval —en los versos finales resuena la idea renacentista de la fama—, estas estrofas desarrollan precisamente una contraposición típica de la Edad Media, entre las vidas de la tierra y del cielo.

64. EL TEXTO PERTENECE A UNA OBRA DE LA QUE CONOCEMOS UNA PARTE

Se dará este caso cuando se nos proponga para la explicación un texto sacado de las *Lecturas* que a veces figuran en los manuales de Lengua y Literatura. Supongamos que se señala el siguiente fragmento, del capítulo en que Pereda narra la caza del oso, en su novela *Peñas arriba:*

Sonaron dos estampidos, batió la bestia el aire con los brazos que aún no había tenido tiempo de bajar; abrió la boca descomunal, lanzando otro bramido más tremendo que el primero; dio un par de vueltas sobre las patas, como cuando bailan en las plazas los esclavos de su especie, y cayó redonda en mitad de una cueva con la cabeza hacia mí.

Lo normal es que se ofrezca completo el capítulo al cual pertenece este fragmento. Comenzaremos, pues, por leerlo atentamente.

Para localizar el texto habrá que hacer estas cosas:

1.º *Buscar en el manual datos referentes al conjunto de las obras del autor, al ambiente ideológico y artístico en que vive, escuela a que pertenece, etcétera.*

2.º *Narrar brevemente el argumento o contenido de la obra, aludir a su significado y situar en ella el capítulo (o, en su caso, la escena, el episodio, etc.) que conocemos.*

3.º *Narrar brevemente el contenido de dicho capítulo, y situar en él y destacar el fragmento que se nos ha propuesto para la explicación.*

Si manejamos un buen manual, podremos realizar la localización del siguiente modo:

El texto propuesto pertenece a la novela *Peñas arriba*, del escritor santanderino José María de Pereda (1833-1905), que se encuadra en el vasto movimiento del realismo español del siglo xix. Pereda es el gran cantor de la montaña y del mar de Santander. Suele oponer, en sus obras, la sencillez aldeana al tráfago de la corte. Así acontece en *Peñas arriba*, novela que describe la progresiva incorporación de un joven, Marcelo, a aquel espíritu rural, noble y fuerte. Marcelo, que añora su vida madrileña, mientras acompaña a su tío don Celso en Tablanca, irá conociendo a las gentes montañesas —su tenacidad heroica— y acabará enamorándose de una muchacha de aquellos lugares, Lita, con la que se casará a la muerte de su tío, decidido a quedarse para siempre en la Montaña. De este modo, exalta los valores tradicionales y perennes refugiados en las aldeas, frente a la insinceridad incómoda de las ciudades.

Un momento importante de la novela es el capítulo que describe la cacería de osos. Marcelo y dos mozos aldeanos, Chisco y Pito Salces, van a buscar a las fieras que habitan una cueva de peligroso acceso. Marcelo teme, Pito se exalta ante el peligro y Chisco mantiene una firmeza heroica. Provocan a la hembra para que salga, y los dos rústicos la derriban con sendos disparos; pero cuando ya la han matado y han capturado los cachorros, aparece el macho en la puerta de la cueva. Marcelo dispara precipitadamente, y hubiera perecido entre las garras del oso de no haber acertado Chisco a hundir su puñal en el corazón de la fiera.

El fragmento que se nos ha propuesto describe la muerte de la hembra por los disparos de Chisco y Pito Salces. Es, pues, uno de los puntos culminantes de la aventura, pronto superado por la inesperada aparición del macho, cuya caza no será tan sencilla.

65. EL TEXTO PERTENECE A UNA OBRA DE LA QUE NO CONOCEMOS NADA

Imaginemos que el texto que nos proponen es este:

> Cuando contemplo el cielo
> de innumerables luces adornado,
> y miro hacia el suelo
> de noche rodeado,
> en sueño y en olvido sepultado;
> el amor y la pena
> despiertan en mi pecho un ansia ardiente;
> despiden larga vena
> los ojos hechos fuente;

la lengua dice al fin con voz doliente:
—Morada de grandeza,
templo de claridad y hermosura,
mi alma que a tu alteza
nació, ¿qué desventura
la tiene en esta cárcel baja, oscura?

Se trata de un fragmento del poema *Noche serena,*
de fray Luis de León.

Como no conocemos nada de esta oda, nos
hallamos en la imposibilidad de localizar el texto
dentro de la obra a que pertenece.

¿Qué debemos hacer? Ni más ni menos que
proceder como si el texto fuera completo, y seguir
las instrucciones que se dan en los §§ 49 y 50
de este librito.

Buscaremos, pues, directamente en el manual datos
que nos orienten acerca del género, y que nos permitan
referir el texto a la obra total del autor.

En los manuales se habla de fray Luis de León.
Se nos informa de que es un gran lírico castellano,
que vive entre 1527 y 1597. Y se dice, por ejemplo:
«En oposición a Garcilaso o Herrera, poetas del
amor humano, fray Luis es un gran poeta del amor
divino y de la Creación, obra de Dios.

Utilizando la lira, que Garcilaso había aclimatado en España, y valiéndose de nobles temas
(la hermosura de la naturaleza, la paz de los
campos, la maravilla de la noche estrellada, el
poder subyugador de la música, los fervientes anhelos
de perfección mística), logra sublimes acentos que
muy pocos poetas han sabido expresar con tal
hondura y emoción, con tal equilibrio y transpa-
rencia de lenguaje. En fray Luis de León, el *cla-*

sicismo, es decir, la sobriedad, la contención, la nobleza, alcanza su cima.»

Hablando de sus obras, el manual que estamos siguiendo (pero, insistimos, puede servir cualquiera) añade: «Fray Luis de León pasa a la posteridad por sus poesías, "obrecillas" como él mismo las llamaba desdeñándolas, por las cuales se le considera como... uno de los más inspirados poetas españoles. De ellas, una buena parte son versiones bíblicas o traducciones de poetas profanos..., y el resto, poesías originales, de motivo religioso principalmente. De las últimas, deben recordarse: *La profecía del Tajo*, *Vida retirada*, *A Felipe Ruiz*, *A Salinas*, *Noche serena* y *En la Ascensión*.»

Poseemos, pues, datos interesantes para intentar una breve localización de este modo:

> Pertenece este pasaje a la oda «Noche serena», de fray Luis de León (1527-97). Se trata de una de sus más importantes poesías originales, aquellas «obrecillas», como él las llamaba casi despectivamente, y a las que, sin embargo, debe fray Luis su gloria. En ella, como suele, el gran poeta se enfrenta con un tema noble —la maravilla de la noche estrellada— para remontarse a consideraciones emotivas de naturaleza religiosa. Se trata de una muestra eminente del clasicismo poético de fray Luis de León.

Cuando el manual no proporcione ni un solo dato utilizable para la localización, hay que pasar a la fase III, comenzando por ella el ejercicio.

FASE V

Consideraciones acerca del estilo

66. EL ESTILO, EN LA FASE V

Hasta ahora, en nuestro razonamiento, no hemos utilizado ni una sola vez la palabra *estilo*, que tantas veces suele aparecer en los manuales y en los trabajos de crítica literaria.

Ello se debe a que nuestro designio primordial ha sido, hasta este momento, que se comprendiese la razón de ser y el mecanismo del comentario. Y no hemos querido introducir una noción tan difusa para los principiantes como es la de *estilo*.

Sin embargo, las consideraciones acerca del estilo tienen cumplido encaje en la fase V del ejercicio, y pueden y deben hacerse. Mas, para ello, conviene que se comprenda muy claramente la noción de *estilo*.

67. EL ESTILO

Lo definiremos así:

Estilo es el conjunto de rasgos que caracterizan a un género, a una obra, a un escritor o a una época.

Cuando decimos de una obra, por ejemplo, que «su estilo épico es muy acusado», utilizamos la palabra estilo para referirnos al conjunto de rasgos formales e internos que dan carácter al género épico, frente al lírico o el dramático.

Si hablamos del «estilo del *Lazarillo*» aludimos a las notas distintivas, formales e ideológicas, de la gran novela, dentro de la prosa narrativa del siglo XVI o dentro de la novela picaresca.

De igual modo, el «estilo de Azorín» será el conjunto de rasgos que distinguen al ilustre escritor alicantino entre los prosistas contemporáneos.

Por fin, con «estilo romántico» queremos designar aquellos modos expresivos y aquellos sentimientos típicos del Romanticismo*, y que constituyen el sello característico de esta época frente a los del Renacimiento*, Barroco*, Neoclasicismo*, Realismo*, etcétera.

68. EL ESTILO DE ÉPOCA

De estas cuatro posibilidades (estilo de un género, de una obra, de un autor o de una época), es casi seguro que, en un nivel elemental, sólo podremos hacer referencia al estilo de época.

Es decir, no nos será difícil descubrir en el texto que nos propongan algunos modos de decir o de pensar que sean típicos del período literario en que aquel texto fue escrito.

Menos frecuente será que, en dicho nivel, podamos hallar notas caracterizadoras del estilo del autor, de la obra o del género. No obstante, puede ocurrir que los manuales nos den datos e indicios aprovechables. Entonces, trataremos de verificarlos en el texto.

Comentario de un fragmento de Espronceda

69. UN TEXTO ROMÁNTICO

Vamos ahora a ofrecer otra explicación, siguiéndola paso a paso. Hemos elegido un texto muy impregnado de rasgos estilísticos de la época en que fue escrito: el Romanticismo. Se trata de un fragmento del famoso *Himno al Sol*, de José de Espronceda.

De este modo, podremos ver prácticamente cómo pueden emplearse los datos del estilo en la explicación.

He aquí el texto:

> Goza tu juventud y tu hermosura
> ¡oh, sol!, que cuando el pavoroso día
> llegue que el orbe estalle y se desprenda
> de la potente mano
> 5   del Padre soberano,
> y allá a la eternidad también descienda
> deshecho en mil pedazos, destrozado,
> y en piélagos de fuego
> envuelto para siempre, y sepultado,
> 10   de cien tormentas al horrible estruendo,
> en tinieblas sin fin, tu llama pura
> entonces morirá: noche sombría
> cubrirá eterna la celeste cumbre.
> ¡Ni aun quedará reliquia de tu lumbre!

70. APLICACIÓN DE LA FASE I

El texto es claro. Apenas si hay palabras cuyo significado desconozcamos. ¿Quizá *piélagos* (verso 8)? El Diccionario nos sacará de dudas: esa palabra significa «mares». Espronceda ha querido decir que el sol descenderá envuelto en mares de fuego.

71. APLICACIÓN DE LA FASE II

El *Himno al Sol* figura en todas las antologías. La localización no es, pues, difícil.

Seguiremos, para ello, los pasos recomendados en el § 63, comenzando por la lectura atenta de todo el poema.

Consultaremos ahora un manual, con el fin de obtener datos que nos permitan referir este himno a la obra total del poeta.

En el capítulo relativo al *Romanticismo europeo*, leemos: «Los románticos rompen el freno que el Neoclasicismo* imponía a los sentimientos, y *crean una literatura rebosante de pasiones exaltadas. La naturaleza participa de los sentimientos de los poetas, y, como ellos, se muestra en sus obras turbulenta y alborotada.*»

Más adelante se afirma: «Como hemos dicho, el poeta romántico experimenta sentimientos desmesurados: ama ilimitadamente, su dolor es siempre sobrehumano, *los temas que le interesan son grandiosos.* En muchas ocasiones, su ansia de infinitud choca dramáticamente con su finitud de hombre, y se produce en él el "desaliento", típicamente romántico.»

Y más adelante, refiriéndose concretamente a Espronceda: «Escribió en su juventud un poema histórico, *Pelayo*, y luego varias obras dramáticas y una novela; pero él era, fundamentalmente, un lírico ... Su aspecto más representativo se encuentra en sus poesías líricas sueltas. Entre ellas, *A Jarifa en una orgía*, *El verdugo*, *Al mendigo*, el *Canto del cosaco*, el *Canto del pirata* y el *Himno al Sol*.»

> [Borrador]: *El Himno al sol es un poema lírico, y como tal, muy representativo de Espronceda. Es uno de los más famosos que escribió. Parece típicamente romántico; asunto grandioso, pasiones exaltadas, la naturaleza participa de los sentimientos del poeta, muy pesimistas en este caso.*

Ahora, debemos inscribir el fragmento en el conjunto del himno.

> [Borrador]: *Espronceda se dirige al sol; canta su gloria, su belleza, su aparente eternidad; las cosas de los hombres, en cambio, son pasajeras. En la última parte se pregunta: «¿Y habrás de ser eterno, inextinguible?» Y responde: «No, que también la muerte, / si de lejos te sigue, / no menos anhelante te persigue.» El texto describe la destrucción o muerte del sol; son los versos finales.*

72. APLICACIÓN DE LA FASE III

Fijemos ahora el tema de este fragmento. Podemos hacerlo así:

Exhortación que, casi con crueldad, hace el poeta al sol para que goce su juventud, porque no podrá escapar a una catástrofe final.

73. APLICACIÓN DE LA FASE IV

Comenzaremos por fijar la estructura métrica, que, en este caso, no ofrece dificultades.

> [Borrador]: *Métricamente es una silva*, en la que son heptasílabos los versos 4, 5 y 8. Este último y el 10 quedan sueltos*, aunque con rima asonante entre sí.*

Pasamos a la determinación de los apartados. Empieza el texto con una exhortación *(Goza tu juventud y tu hermosura / ¡oh, sol!)*; sigue una justificación causal de dicha exhortación *(que tu llama pura / entonces morirá);* de esta causal dependen a su vez varias oraciones encabezadas por *cuando* (versos 2-11). Y termina con una descripción del resultado de la catástrofe (versos 12-14).

[Borrador]: *Apartados:*
a) Exhortación (versos 1-2).
b) Causa de la exhortación: la inevitable catástrofe (versos 2-12).
c) Resultado de la catástrofe (versos 12-14).

74. APLICACIÓN DE LA FASE V

Ha llegado el momento más difícil de la explicación: el de analizar el texto teniendo en cuenta el principio fundamental. Alerta, pues, para formular los necesarios porqués.

Apartado a)

(Goza tu juventud y tu hermosura / ¡oh, sol). Comienza el fragmento con apóstrofe* y prosopopeya*.

¿Por qué se personifica al sol? Recordemos lo dicho en el § 71. En el Romanticismo, los poetas implican a la naturaleza en sus propios sentimientos. Tanto que, para ello, Espronceda imagina en el sol posibilidades humanas *(goza tu juventud).*

Y ¿por qué le exhorta a gozar? Sólo por recrearse en las imágenes de la destrucción (tema), que se desarrollan en el siguiente apartado. Este tipo de imperativo es frecuente en las amenazas *(ríete ahora, que luego llorarás).*

Apartado b)

Distinguiremos en este apartado las frases temporales, de un lado, y la causal *(que... tu llama pura | ...)*, de otro. Nos ocuparemos antes, como es natural, de las primeras, porque preceden a la causal en el texto.

¿Por qué anticipa el autor estas oraciones temporales? Sencillamente, porque contienen la descripción de aquel fatal acontecimiento que le interesa hacer «recordar» al sol. Encierran la amenaza que sigue a la exhortación.

[Borrador]: *El apartado b) está constituido por una oración causal (que... tu llama pura / ...) y de varias temporales dependientes de ella. Estas últimas describen la catástrofe. El autor las anticipa (cuando...) porque así lo exige la conminación antes señalada. El contraste* goza—pavoroso día... *es así violento. Quien «goza» realmente con él es el poeta.*

Cuando el pavoroso día | llegue que el orbe estalle y se desprenda | de la potente mano | del Padre soberano. Sorprende en estos versos la convicción profunda que manifiesta Espronceda, de que ese día «pavoroso» llegará. La oración temporal *cuando + presente de subjuntivo* no expresa eventualidad, sino creencia absoluta.

Comparemos estas dos frases:
Cuando llamen por teléfono, avísame.
Si llaman por teléfono, avísame.
Con la primera, no mostramos ninguna duda; con la segunda carecemos de seguridad.

Llaman la atención las palabras altisonantes que el poeta emplea para describir aquel inimaginable suceso. El manual señala como rasgo del estilo romántico en Espronceda «su adjetivación excesiva, que intenta teñir el poema de matices subjetivos y añadir sombrías notas: trueno *pavoroso*, *temerosa* voz, *anhelantes* ojos, etcétera».

Evidentemente el adjetivo *pavoroso* (día) y quizá *potente* (mano) proceden de la «moda» romántica.

Estos cuatro versos tienen una curiosa organización métrica:

> *...que cuando el pavoroso día*
> *llegue que el orbe estalle y se desprenda*
> *de la potente mano*
> *del Padre soberano.*

Los cortes sintácticos que podemos hacer en ellos, no coinciden con los versos.

Coincidirían si Espronceda hubiera escrito: *que cuando el pavoroso día llegue / que el orbe estalle / y se desprenda de la potente mano del Padre soberano.*

Esta falta de coincidencia se denomina. *encabalgamiento**. ¿Y qué efecto produce el encabalgamiento? Acelera la lectura, porque deseamos completar el sentido que ha quedado interrumpido al terminar cada verso.

Por otra parte, los dos primeros versos son largos; los otros dos, muy cortos. En los primeros, la descripción se dilata; en los últimos, se precipita.

Espronceda ha descrito así, con enorme plasticidad, el rápido aunque prolongado estallido del Universo, en los versos largos; y su precipitamiento y rápida caída desde la mano de Dios, en los cortos.

Y allá a la eternidad también descienda / deshecho en mil pedazos, destrozado ...—Prosigue la descripción del espantoso suceso. Espronceda imagina que los colosales fragmentos del universo «descenderán» a la eternidad. La imagen no es demasiado rigurosa, ¿verdad? ¿Qué es eso de «descender» a la eternidad? Sin embargo, ¿no podemos ver en el empleo de ese verbo una exigencia del tema? El hombre, al morir, es descendido a la tierra. Espronceda, en su furor romántico, desea ver el sol hundido como los hombres. Sólo así podemos comprender el empleo de *también*.

El adverbio *allá* añade a la idea de eternidad, la de lejanía remota e imprecisa. Es una nota típica del énfasis vago, pero sugestivo, del estilo romántico.

La vaguedad, con fines magnificadores, «agigantadores» (exigidos por la descripción de la gran catástrofe), aparece también en el numeral *mil*, que, en estos usos *(tengo mil ocupaciones, me dijo mil mentiras),* posee un valor indefinido-ponderativo. Todo el verso 7, encuadrado por *deshecho-destrozado* expresa vigorosamente el despedazamiento del orbe, *sugerida por la humanización de la naturaleza que ya vimos: el sol descenderá* también, *muerto como los hombres.*

La descripción de algo tan gigantesco como inimaginable, le obliga a recursos gramaticales indefinidos y magnificadores: allá a la eternidad, *y* mil *pedazos, en el verso 7. Este verso encuadrado por* deshecho-destrozado, *expresa vigorosamente el despedazamiento del orbe.*

Y en piélagos de fuego / envuelto para siempre y sepultado, / de cien tormentas al horrible estruendo / en tinieblas sin fin.—Estos versos poseen una estructura sintáctica bastante compleja. Su orden lógico es el siguiente:

y envuelto para siempre en piélagos de fuego
y sepultado en tinieblas sin fin,
al horrible estruendo de cien tormentas.

¿Por qué se habrá alterado tan profundamente este orden? El hipérbaton* —complicado con encabalgamiento— de los versos 8 y 9, insiste en el efecto de rapidez exigido por el tema (la catástrofe), ya señalado. Desea el poeta expresarnos, «hacernos vivir», aquel caos terrible, y apela para ello a estas eficaces contorsiones sintácticas.

Así explicamos también el violento salto que media entre *sepultado* (verso 9) y *en tinieblas sin fin* (verso 11), con todo un verso, el 10, de inciso.

La elección de la palabra *piélagos* es síntoma romántico. (El manual dice que Espronceda, según el gusto de su época, «reanima vocablos poéticos o arcaizantes».)

¿Y por qué *piélagos* en plural? ¿Y por qué los plurales *tormentas* y *tinieblas?* Obedecen sin duda a la misma causa que *allá, mil,* ya aludidos: la necesidad de expresar un acontecimiento gigantesco... pero inimaginable. Esos plurales agigantan, pero son vagos, indefinidos, escasamente descriptivos.

Esta impresión de la idea poética explica también otros rasgos: *cien* tormentas (verso 10) o tinieblas *sin fin* (verso 11). Se engrandece pero con vaguedad. El verso 10, con aliteración* de *r* y de *n* a final de sílaba, es onomatopéyico*.

> [Borrador]: *Los versos 8-11 continúan narrando el precipitamiento del orbe despedazado. Poseen estructura sintáctica compleja. Hay hipérbaton (versos 8-9 y 10), inciso (verso 10) y encabalgamiento (versos 8 y 9; 9 y 11). El verso incidental es además onomatopéyico, con aliteración de r y de n. Con todo ello, Espronceda quiere comunicarnos una viva impresión de la catástrofe.*
>
> *Por otra parte, su descripción abusa del empleo de plurales enfáticos:* piélagos, tormentas, tinieblas, *y expresiones indefinidas* cien (tormentas), tinieblas sin fin. *Todo esto, y el empleo del cultismo* piélagos *parece bien romántico.*

Tu llama pura / entonces morirá.—Depende, como sabemos, de la exhortación inicial; pero subordinada a las temporales anteriores, que parecen converger hacia ella.

Contrasta su sencillez con toda la complicada retórica anterior. ¿A qué se deberá esta sencillez? Espronceda ha confiado, sin duda, en la fuerza emotiva que, por contraste, tendría su profecía reducida a tan simple frase.

> [Borrador]: *En contraste con las subordinadas anteriores, la oración de que dependen y a la que convergen* (tu llama pura entonces morirá) *es muy sencilla. Se consigue así, tras toda la complicada retórica que antecede, un claro efecto emotivo y solemne.*

Apartado c)

Noche sombría / cubrirá eterna la celeste cumbre. De nuevo parece el poeta embriagado con las

palabras. Califica la *noche* de *sombría.* El Diccionario
(que ya se habrá consultado) dice que *sombrío*
es lo que tiene poca luz. Y Espronceda quería decir
que aquella noche será absoluta, cerrada, negra.

Es un vicio romántico éste de usar las palabras con imprecisión,
dejándose llevar de lo que sugieren más que de lo que significan.

El cielo imaginado como una *cumbre* se explica
por la idea de la caída del orbe, descrita anteriormente. La noche, sin embargo, será más alta que él.

¡Ni aun quedará reliquia de tu lumbre!—Con esta
exclamación se cierra el poema. Es casi un grito
de júbilo que el poeta lanza al imaginar el fin del
astro impasible y cruel. La idea de la oscuridad
absoluta se expresa ahora por el giro intensificador
ni aun.

[Borrador]: *En este último apartado, Espronceda describe las
consecuencias del acontecimiento: una noche eterna se instalará
donde antes estaba el Universo. Con la palabra* noche *se abre
precisamente el apartado. Hay un fallo expresivo al describir esta
noche absoluta como* sombría *(es decir, 'con poca luz').*
    *El cielo habrá quedado en lo alto, pero la noche será aún más
alta que él: lo cubrirá.*
    *La exclamación final es casi un grito de júbilo. La intensidad
de aquella noche se encarece por el giro enfático* ni aun.

75. EL EJERCICIO EN LIMPIO

Tal como dijimos en el § 56, debemos proceder
a redactar el ejercicio en limpio, antes de establecer
la conclusión.

De nuevo, repasamos el borrador y vamos
dando forma a nuestras observaciones.

JOSÉ DE ESPRONCEDA: *Himno al sol*

[Borrador]:   [Versión definitiva]

[FaseII]

El Himno al sol *es un poema
lírico y, como tal, muy representativo de Espronceda. Es uno
de los más famosos que escribió.
Parece típicamente romántico:
asunto grandioso, pasiones exaltadas, la Naturaleza participa de
los sentimientos del poeta, muy
pesimistas en este caso.*

*Espronceda se dirige al sol;
canta su gloria, su belleza, su
aparente eternidad; las cosas de
los hombres, en cambio, son pa-
sajeras. En la última parte, se
pregunta: «¿Y habrás de ser
eterno, inextinguible?» Y responde: «No; que también la
muerte, / si de lejos te sigue, /
no menos anhelante te persigue.»
El texto describe la destrucción
o muerte del sol; son los versos
finales.*

Pertenece este fragmento a uno
de los más famosos poemas de José
de Espronceda, el gran lírico del siglo XIX. Se trata del *Himno al sol.*
Por todos sus rasgos, parece este un
buen modelo de poema romántico.
En efecto, su tema es grandioso, la
naturaleza se incorpora a los sentimientos del poeta, y late en todo él
el típico desaliento que da carácter
a esta época. Porque en este himno*,
contrariamente a lo que podíamos
pensar —ya que los himnos se componen, de ordinario, para exaltar
algo—, la grandeza del sol es can-
tada sólo para anunciar su muerte.
El poeta, sabiéndose hombre mortal,
se consuela —y goza—, al pensar que
aquel astro, testigo impasible de todas
las destrucciones del mundo, morirá
también. Consuelo mezquino pero efi-
caz para aquel hombre atormentado
por la idea de su propia desaparición.

[Fase III] Tema:

*Exhortación que casi con cruel-
dad hace el poeta al sol, para
que goce su juventud, porque no
podrá escapar a una catástrofe
final.*

El texto que debemos analizar comprende los versos finales del poema.
En ellos se describe la destrucción
del Universo. El tema del fragmento
es una exhortación que, casi con
crueldad, hace el poeta al sol, para
que goce su juventud, porque no
podrá escapar a una catástrofe final.

[Fase IV]

Métricamente, es una silva, en la que son heptasílabos los versos 4, 5 y 8. Este último y el 10 quedan sueltos, aunque con rima asonante entre sí.

Su estructura métrica es de silva; son heptasílabos los versos 4, 5 y 8. Este último y el 10 quedan sueltos, aunque con rima asonante entre sí. De tal libertad métrica extraerá el poeta, como veremos, interesantes recursos expresivos.

Apartados:

a) *Exhortación (versos 1-2).*
b) *Causas de la exhortación: la inevitable catástrofe (versos 2-12).*
c) *Resultado de la catástrofe (versos 12-14).*

Podemos distinguir en el fragmento los siguientes apartados:
a) Exhortación al sol para que goce su juventud (versos 1-2).
b) Porque llegará la muerte. Descripción de la catástrofe (versos 2-12).
c) Resultado de la catástrofe: la noche se adueñará de todo (versos 12-14).

[Fase V]

Apartado a)

En este breve apartado hay apóstrofe y prosopopeya. Esta última se debe a la implicación, típicamente romántica, de la naturaleza —el sol, en este caso— en los sentimientos del poeta.

La apóstrofe y exhortación iniciales tienen una finalidad conminatoria, amenazadora.

Comienza, pues, el poema con una exhortación engañosa (goza tu juventud...). No se trata de un consejo nacido de solidaridad con aquella criatura también mortal. Por el contrario, es este el imperativo que precede a cierto tipo de amenazas (*ríete ahora, que luego te arrepentirás*). La prosopopeya está dictada por la «humanización de la naturaleza», a que ya aludimos. El poeta se enfrenta amenazador con el astro rey, como si este fuera otro hombre capaz de gozo... y de muerte.

Apartado b)

El apartado b) está constituido por una oración causal (que... tu llama pura / ...) y de varias temporales dependientes de ella. Estas últimas describen la catástrofe. El autor las anticipa (cuando...) porque así lo exige la

El apartado b) está constituido por una oración causal (*que... tu llama pura...* dependiente de *goza tu juventud*) que figura en el verso último del apartado; de la causal dependen, a su vez, varias temporales encabezadas por *cuando* (verso 2), las cuales conminación antes señalada. El contraste goza—pavoroso día es violento. Quien goza realmente con él es el poeta.

Con las oraciones temporales de los versos 2-5, Espronceda afirma su convicción absoluta de que la destrucción del astro soberbio se producirá (tema). Los versos van encabalgados, lo cual obliga a una rápida lectura, acorde con lo que se profetiza (el terrible estallido y precipitamiento del orbe). Los versos 2-3, endecasílabos, comunican bien la idea de aquel suceso largo y fatal; los versos 4-5, heptasílabos, al quebrar el ritmo con su brevedad, expresan muy plásticamente la impresión de la caída. La magnitud de aquel acontecimiento determina la elección de adjetivos altisonantes: pavoroso, potente, soberano.

En el verso 6, dice Espronceda, con no muy buena lógica, que el orbe «descenderá» a la eternidad. Tal visión parece sugerida por la humanización de la naturaleza que ya vimos: el sol descenderá también, muerto como los hombres.

La descripción de algo tan gigantesco como inimaginable le obliga a recursos gramaticales indefinidos y magnificadores: allá (a la eternidad) y mil (pedazos), en el verso 7. Este verso, encuadrado por deshecho-destrozado, expresa vigorosamente el desplazamiento del orbe.

describen la catástrofe. Se anticipan a la oración que las subordina para favorecer el contraste amenazador señalado más arriba. El poeta parece sentir prisa por oponer a la exhortación inicial (Goza ...) la terrible imagen de la destrucción.

El empleo de las temporales formadas por cuando + presente de subjuntivo, indica la convicción que el poeta siente de que aquel acontecimiento tendrá lugar, tarde o temprano. Los versos 2-5 van encabalgados; el efecto del encabalgamiento es de rapidez, muy acorde con lo que se profetiza: el terrible estallido y el hundimiento del orbe.

La combinación métrica (11 + 11 + 7 + 7) posee también una finalidad descriptiva. Los dos endecasílabos (versos 2 y 3), largos y de rápida lectura, sugieren plásticamente la impresión de precipitamiento.

La catástrofe colosal obliga al poeta —ya inclinado a ello por la «moda» romántica— a utilizar palabras altisonantes para su descripción: pavoroso, potente, soberano ...

La increpación al sol en un plano «humano», conduce a Espronceda a decir que el orbe «descenderá» a la eternidad (verso 6). Esta visión parece dictada por la consideración de que el universo se desprenderá de la mano divina (versos 3-5); pero también por el descendimiento que sigue a la muerte de los hombres. Lo prueba el empleo de también: el sol descenderá también.

La descripción de algo tan gigantesco como inimaginable, le obliga a recursos gramaticales indefinidos y engrandecedores: allá (a la eternidad) y mil (pedazos), en el verso 7. Este verso, encuadrado por los participios deshecho ... destrozado, expresa vigorosamente el despedazamiento del orbe.

Los versos 8-11 continúan narrando el precipitamiento del orbe despedazado. Poseen una estructura sintáctica compleja. Hay hipérbaton (versos 8-9 y 10), inciso (verso 10) y encabalgamiento (versos 8-9 y 10-11). El verso incidental (10) es además onomatopéyico, con aliteración de r y de n. Con todo ello, Espronceda quiere comunicarnos una viva impresión de la catástrofe.

Por otra parte, su descripción abusa del empleo de plurales enfáticos: piélagos, tormentas, tinieblas; y expresiones indefinidas: cien (tormentas), (tinieblas) sin fin. Todo esto, y el empleo del cultismo piélagos, parece bien romántico.

En contraste con las subordinadas anteriores, la oración de que dependen y a la que convergen (tu llama pura / entonces morirá) es muy sencilla. Se consigue así, tras toda la complicada retórica que antecede, un claro efecto emotivo y solemne.

Apartado c)

En este último apartado, Espronceda describe las consecuencias del acontecimiento: una noche eterna se instalará donde antes estaba el universo. Con la palabra noche se abre precisamente el apartado. Hay un fallo expresivo al describir esta noche absoluta como sombría (es decir, 'con poca luz').

En los versos 8-11 se completa la descripción del acontecimiento. Aquel caos producido por el gran estallido, nos es sugerido por Espronceda con recursos métricos (encabalgamiento entre los versos 8-9 y 10-11) y sintácticos (hipérbaton en los versos 8-9), y con la ruptura del complemento *sepultado ... en tinieblas sin fin*, por otro complemento (*de cien tormentas al horrible estruendo*). Al caos real le corresponde, muy expresivamente, esta complicada y casi caótica organización gramatical. El efecto plástico se refuerza por la onomatopeya de r y n en el verso 10.

De nuevo el esfuerzo de imaginar lo inimaginable, y de pintar la magnitud de un hecho tan colosal, mueve al poeta a emplear plurales enfáticos (*piélagos, tormentas, tinieblas*), y expresiones ponderativas, pero indefinidas: *cien* tormentas, tinieblas *sin fin*. Todo esto, y el empleo del cultismo *piélagos*, parece bien romántico.

En contraste con toda la retórica que antecede, la causal de que dependen las oraciones analizadas es sobria y escueta: *tu llama pura / entonces morirá*. Espronceda consigue hacer así más incisiva y solemne su advertencia-amenaza. Su secreta alegría (*tema*) se manifiesta ahora en el contraste *pura-morirá*. La pureza no salvará al sol de seguir el destino de las demás criaturas.

El último apartado se abre significativamente con la palabra *noche*. La consecuencia del estallido y precipitamiento narrada en estos versos finales será, en efecto, una oscuridad total, gigantesca, altísima. Tanto, que cubrirá incluso la cumbre del cielo. Con criterio lógico es difícil imaginar lo que el poeta describe, pero quizá a él le interesaba más

104

El cielo habrá quedado en lo alto, pero la noche será aún más alta que él: lo cubrirá. La exclamación final es casi un grito de júbilo. La intensidad de aquella noche se encarece por el giro enfático ni aun.

sugerir que *describir* la terrible noche. Su falta de precisión se manifiesta en el adjetivo *sombría* con que la califica, dado que sombrío es lo que tiene *poca* luz. La exclamación final es casi un grito de júbilo ante la escena imaginada *(tema)*. La intensidad de aquella noche vuelve a encarecerse con el giro enfático *ni aun*.

76. LA CONCLUSIÓN

Recordemos los dos tiempos de la conclusión: *balance* e *impresión personal* (véanse §§ 42-44).

Después de releer nuestro ejercicio, podemos rematarlo así:

Espronceda se ha propuesto en este poema un tema extraño y grandioso, cuyo sentido culmina en los versos del fragmento analizado. Hay deleite, casi rabia, en su acumulación de imágenes de destrucción. Abundan las visiones poco claras y los elementos lingüísticos imprecisos, que, sin embargo, como ya se ha dicho, logran sugerir lo que quizá no alcanzan a describir. Muchos rasgos de estilo parecen proceder de un común denominador romántico. La calidad poética de Espronceda se advierte en el empleo magistral de ciertos recursos gramaticales y métricos, para expresar el precipitamiento y caótico desastre del universo.

Quizá sea lo que más nos interesa del fragmento. Sus desorbitados sentimientos no encuentran en nosotros el eco que, de seguro, alcanzarían en los lectores contemporáneos del poeta.

Resumen para la aplicación
del método

Se tardará algún tiempo en adquirir familiaridad con el método. Para facilitar el trabajo en esta época de aprendizaje, resumimos a continuación las reglas e instrucciones dadas. Cuando se tenga que explicar un texto, conviene leer este resumen, que recuerda los momentos fundamentales del método.

FASE I. Lectura atenta del texto.

Buscaremos en el Diccionario todas las palabras cuyo significado no nos resulte completamente claro (§ 18).

Sólo interesa la acepción que conviene al texto (§ 48).

Debemos comprender el pasaje, pero no trataremos de interpretarlo (§ 19).

Numeraremos los versos o líneas de 5 en 5.

FASE II. Localización.

Nos daremos cuenta de si es un texto independiente o un fragmento.

Señalaremos el género literario a que pertenece.

1. *Si se trata de un texto completo.*

Debemos localizarlo en la obra total del escritor, con ayuda del manual de Literatura (§§ 21, 49, 50).

2. *Si se trata de un texto fragmentario.*

Casos posibles:

A. *Hemos leído la obra a que el texto pertenece* (§ 63).

Referiremos la obra al conjunto de obras del autor. Para ello buscaremos en el manual de Literatura datos acerca de dichas obras, del ambiente ideológico y artístico en que aquél vive, etcétera.

Situaremos, después, el fragmento dentro de la obra a que pertenece. Narraremos sucintamente el contenido de la obra, y señalaremos en qué punto se inserta dicho fragmento.

B. *Conocemos sólo el capítulo (o la escena, o el canto, etc.) a que el texto pertenece* (§ 64).

Con ayuda del manual, referiremos la obra al conjunto de obras del autor, ambiente ideológico, artístico, etcétera.

Narraremos brevemente el argumento o contenido de la obra, aludiremos a su significado, y situaremos en ella el capítulo (o escena, o canto, etc.) que conocemos.

Narraremos brevemente el contenido del capítulo (o escena o canto...) que conocemos, y en él situaremos y destacaremos el fragmento que se nos ha propuesto.

C. *El texto pertenece a una obra de la que no conocemos nada.*

Buscaremos en el manual algunos datos sobre obras del autor y sobre aquella obra en particular, y procederemos como en el caso 1.

Si no hallamos nada... pasemos a la fase III.

FASE III.   Determinación del tema (§§ 22-28).

Reduzcamos el *asunto* a las líneas más generales. Procuraremos que nada falte y nada sobre. Y que sea breve. Intentemos dar con la palabra abstracta que sintetice la intención del escritor.

FASE IV.   Determinación de la estructura (§§ 30-36 y 52-53).

Fijaremos primero la estructura métrica, si el texto está en verso.

Buscaremos después los apartados. *(Empezaremos aquí si el texto está en prosa.)*

Los apartados serán poco numerosos (dos, tres, cuatro...).

Los apartados no coincidirán siempre con las estrofas (si el texto está en verso).

Los apartados contienen modulaciones distintas del tema.

Hay textos sin estructura aparente (§ 37).

No olvidaremos que todos los elementos del texto son solidarios. Los apartados no son, pues, *partes del texto.*

FASE V. Análisis de la forma partiendo del tema (§§ 38-39 y 54-55).

Hay una estrecha relación entre el tema y la forma. Esto se expresa en el principio fundamental:

> El tema de un texto está presente en los rasgos formales de ese texto.

El análisis consiste en justificar cada rasgo formal del texto como una *exigencia* del tema.

No pasaremos de un verso a otro, o de una línea a otra, sin haber analizado completamente ese verso o esa línea. Nuestro análisis seguirá, pues, el orden de lectura.

Ante todos los rasgos formales (léxicos, sintácticos, métricos, figuras retóricas, etc.) y aun ideológicos que nos vayan llamando la atención, nos preguntaremos: *¿por qué esto?* Y trataremos de *justificarlo como una exigencia del tema*.

Necesitaremos para este análisis todos los manuales que poseamos de Lengua y Literatura.

> De todas nuestras observaciones en esta y en las anteriores fases, habremos ido tomando nota en un borrador.

El ejercicio definitivo (§ 57).

Antes de establecer la conclusión, redactaremos el ejercicio en limpio.

Para componerlo seguiremos el orden de nuestras notas en el borrador.

Si las notas son apuntes rápidos y descuidados, que tal rapidez y descuido no pasen al ejercicio.

En nuestras notas habrá quizá observaciones desdeñables, imprecisas, reiterativas.

Probablemente, al redactar el ejercicio, se nos ocurran cosas en que antes no habíamos caído. Incluyámoslas en el lugar oportuno.

FASE VI. Conclusión (§§ 41-45 y 59-61).

Tiene dos momentos: *balance* e *impresión personal*.

A) *Balance*

Resaltaremos los rasgos comunes de nuestras observaciones, que confirman el principio fundamental. No entraremos en detalles.

B) *Impresión personal*

Nuestra impresión será *sincera, modesta* y *firme*.
Rehuiremos el empleo de fórmulas hechas o demasiado generales.
Nos concretaremos al pasaje, y no a otras cosas que hayamos leído sobre o del autor.

Muestras de explicación de textos

Siguen a continuación unas cuantas muestras o modelos de explicación de textos.

Hemos procurado que estos representen épocas y géneros muy diversos.

Estos comentarios que proponemos no exigen más conocimientos que los suministrados por los manuales de los cuatro primeros cursos del Bachillerato, y por el Vocabulario *que figura al final de este libro.*

Para sacar utilidad de tales modelos no deben leerse seguidos. Conviene considerarlos en días distintos.

Procédase así:

Sin leer nuestra explicación, inténtela el alumno.

Compárese después con la que aquí damos.

¡Os deseamos que la vuestra os satisfaga más!

ARCIPRESTE DE HITA: LIBRO DE BUEN AMOR

Preguntaron al griego sabio qué fue lo que dijiera
por señas al romano, e qué le respondiera.
Diz: «Yo dije que es un Dios; el romano dijo que era
uno e tres personas, e tal seña feciera[1].
5 Yo dije que era todo a la su voluntad;
respondió que en su poder teníe el mundo e diz verdat.
Desque[2] vi que entendíen e creíen la Trinidat,
entendí que merecíen de leyes certenidad[3]».
Preguntaron al bellaco cuál fuera su antojo;
10 diz: «Díjome que con su dedo que me quebrantaría el
desto hobe grand pesar, e tomé grand enojo,   [ojo;
e respondíle con saña, con ira e con cordojo[4]
que yo le quebrantaría ante todas las gentes
con los dedos los ojos, con el pulgar los dientes.
15 Díjome luego após[5] esto, que le parase mientes[6],
que me daría grand palmada en los oídos retinientes[7],
Yo le respondí que le daría una tal puñada
que en tiempo de su vida nunca la viés[8] vengada.
Desque vio que la pelea teníe mal aparejada,
20 dejóse de amenazar do[9] non gelo[10] precian nada.»

(Estrofas 59-63.)

COMENTARIO

[*Localización*]: Se trata de un fragmento del *Libro de Buen Amor*,
escrito por Juan Ruiz, Arcipreste de Hita (siglo XIV). Es ésta la única
obra conocida del gran poeta, y constituye sin duda una de las
cumbres de la literatura europea de la Edad Media. Su contenido
es extraño y variado: mezcla temas narrativos (fábulas sobre todo)

---

[1] Hiciera.—[2] Desde que.—[3] Conocimiento.—[4] Enfado.—[5] Después.—[6] Que tuviese
cuidado.—[7] Resonantes.—[8] Viese.—[9] Donde.—[10] Se lo.

115

y poesías líricas. Para los primeros emplea la cuaderna vía del mester de clerecía, escuela de la que es uno de los últimos representantes. Y también uno de los más originales y «modernos», por su gran sentido del humor y su realismo.

El texto que debemos comentar pertenece, precisamente, a una divertida fábula, la primera del libro. Juan Ruiz está previniendo al lector para que no tome a mal sus, a veces, lozanas razones, y quiere convencerle de que

no hay mala palabra, si non es a mal tenida;
verás que bien es dicha, si bien fuese entendida.

Nada mejor para «demostrarlo» que narrarle este divertido cuento: Los romanos, ignorantes, fueron a pedir a Grecia el derecho de conocer las leyes. Los griegos les respondieron que, por su ignorancia, no merecían tal derecho, pero que no vacilarían en concedérselo si demostraban sabiduría ante un sabio griego. Los romanos designaron a un bellaco inculto y rudo para contender con el sabio; ante la imposibilidad de entenderse hablando, decidieron hacerlo mediante señas. Se realizó la prueba singular, y el griego, dándose por satisfecho con las respuestas del representante de los romanos, dictaminó que estos tenían derecho a lo que pretendían. La verdad era, sin embargo, que las contestaciones del uno no correspondían a las preguntas del otro, y que el bellaco no había hecho más que amenazar al sabio.

[*Tema*] El fragmento propuesto narra las versiones de ambos contendientes. Su tema es la *contraposición* entre la corrección y la buena fe del sabio griego, y la rudeza y desconfianza del lugareño romano.

[*Estructura*] Como se trata de un fragmento narrativo, la estrofa que emplea el Arcipreste es la cuaderna vía. Sólo hallamos una pequeña irregularidad en las rimas: *verdat, Trinitat* (versos 6-7) riman con *voluntad, certenidad*. Seguramente es una libertad que el Arcipreste se toma, dado lo vacilante del sonido -*d* a fin de palabra: si se pronuncia con cierto énfasis*, suena casi como -*t*.

Se distinguen fácilmente dos partes en el fragmento: la declaración del sabio (versos 1-8), y la del romano (versos 9-20).

[*Análisis. Apartado a*).] El apartado a) es poco relevante en cuanto a la forma. Da cuenta el griego del significado que había dado a su seña de alzar un dedo: quería indicar que había un solo Dios. Su buena fe *(tema)* se manifiesta en la objetividad con que narra la contestación del romano, que le había mostrado tres dedos:

el romano dijo que era
uno e tres personas, e tal seña feciera.

Cuenta después por qué alzó la palma extendida: quería dar
a entender la omnipotencia de Dios; el bergante rival le había
alzado el puño. Y el griego, bondadoso y sin recelo, había entendido que tal gesto era señal de que *en su poder tenía el mundo*. Todavía
apostilla, mostrando su generosidad de hombre sabio: *e diz verdat*.
Nos llaman la atención en este apartado varias formas lingüís-
ticamente anticuadas: *dijiera* 'dijera', *e* 'y', *diz* 'dice', *feciera* 'hiciera';
artículo ante posesivo, *la su*, *tenie* 'tenía', *desque* 'desde que', *en-
tendien* 'entendían', *creíen* 'creían', *certenidad* 'conocimiento'. El im-
perfecto de subjuntivo (*dijiera, respondiera*) con significado de plus-
cuamperfecto (había dicho, había respondido) se siente hoy como
anticuado, aunque algunos escritores lo emplean como arcaísmo*.

[*Apartado b*)]   En contraste con el candor generoso del griego,
Juan Ruiz crea un antagonista lleno de malicia aldeana y de cautela
rústica. Las inocentes afirmaciones del sabio son interpretadas por
él como gestos de amenaza, y respondidas adecuadamente. Sus
tres dedos alzados querían advertir al griego que estaba dispuesto
a sacarle los ojos y a quebrarle los dientes; y su puño cerrado aludía
a algo bien distinto de la omnipotencia divina. Hasta la rapidez
con que el sabio se da por satisfecho es tomada como signo de
cobardía.

El poeta prepara la respuesta del bellaco llamándola *antojo*.
El Diccionario da a esta palabra los significados de 'capricho' y
de 'conjetura'. De ambas cosas participa dicha respuesta. El recelo
villanesco le hace ya sentirse amenazado por el primer gesto del
sabio. La repetición de *que* (*que con su dedo que me quebrantaría*),
seguramente sirve para caracterizar su habla plebeya y descuidada
en contraste con el pulido razonamiento de su rival·(*tema*). La
acumulación de expresiones de arrebato (tomé *grand enojo* / e *respondíle con saña, con ira e con cordojo*) que el Arcipreste hace decir al
romano, tiene también intención caracterizadora: es completamente
plebeyo tanto descomedimiento (*tema*).

La fanfarronería agresiva de este personaje se pone de relieve
con el alarde *ante todas las gentes*. Y la suspicacia, con su creencia
de que otro gesto inocuo del sabio era una amenaza. Esto vuelve
a desatar la vehemencia del villano, que ofrece a su interlocutor
una tal puñada / *que en tiempo de su vida nunca la viés vengada*.

117

Satisfecho, orgulloso de sus respuestas, el bellaco, según hemos apuntado, acaba interpretando la aquiescencia del sabio como que este abandona el campo porque sus amenazas no eran apreciadas ni tenidas en cuenta.

[*Conclusión*]   Con medios todavía muy primitivos, el Arcipreste de Hita acierta plenamente en su retrato de los dos personajes que enfrenta. Uno, el sabio ingenuo, con el candor que da la buena fe; otro, el romano, suspicaz y fanfarrón, vehemente y descomedido. Los rasgos lingüísticos con que se caracteriza el habla de este son muy típicos, están muy bien observados. No en balde se ha hablado del realismo* de su arte.

En cuanto a la intención de la fábula*... Se ve que Juan Ruiz habla en son de broma. Ha querido probar que no hay mala palabra si es bien entendida, mostrándonos cómo aquel sabio consideró que no eran malas las razones del villano, precisamente porque *no* las había entendido. Se trata de una buena muestra del espíritu burlón e irónico* del Arcipreste.

ANÓNIMO: LAZARILLO DE TORMES

Yo, como estaba hecho al vino, moría por él, y
viendo que aquel remedio de la paja no me aprovechaba ni valía, acordé en el suelo del jarro hacerle
una fuentecilla y agujero sutil, y delicadamente, con
5 una muy delgada tortilla de cera, taparlo; y al tiempo
de comer, fingiendo tener frío, entrábame entre las
piernas del triste ciego, a calentarme en la pobrecilla
lumbre que teníamos, y al calor de ella luego derre-
tida la cera, por ser muy poca, comenzaba la fuen-
10 tecilla a destilarme en la boca, la cual yo de tal manera
ponía que maldita la gota se perdía.

COMENTARIO

[*Localización*] Pertenece este fragmento a la famosa novela
Lazarillo de Tormes, publicada como anónima a mediados del siglo XVI; en ella da comienzo un género nuevo, el de la novela picaresca*, que representa el nacimiento del realismo* en la novela.
Se trata de una áspera reacción contra las irreales ficciones
caballerescas y pastoriles de aquella época. El desconocido autor
del Lazarillo *observa* más que *imagina*. Y su héroe no es un caballero
o un héroe, sino un pobre muchacho, un pícaro nacido en Salamanca, que sirve a varios amos (un ciego, un clérigo, un escudero,
un fraile...), pasa hambre y acaba «feliz», cuando, ya casado, alcanza
el cargo de pregonero en Toledo.
Nuestro texto corresponde al primer capítulo, en el que se
narran las desventuras de Lázaro al servicio del ciego, hombre
avaro y de malas inclinaciones. El muchacho y su amo son dos
tipos astutos; el primero, utiliza su ingenio para burlar al ciego;
este barrunta o descubre las malicias del niño, y las castiga con
crueldad.

Se describe aquí el último ardid que el pícaro utiliza para beberle el vino al ciego; este, observando antes que el líquido disminuía mucho, optó por tener el jarro en la mano. A Lázaro se le ocurrió entonces chupar dentro con una larga paja de centeno. El vino seguía desapareciendo, y el ciego decide colocarlo entre las piernas y taparlo con una mano. Lázaro cuenta en estas líneas cómo se las ingenia de nuevo, agujereando el fondo del jarro, tapando el agujero con un poco de cera y bebiendo entre las piernas del ciego, cuando la cera se derrite por el calor del fuego próximo. La venganza del amo será espantosa: un día, cuando más a gusto se encuentre Lázaro en su operación, el ciego levantará el jarro y se lo estrellará en el rostro.

[*Tema*] El tema del fragmento es simple: el pícaro nos cuenta la *astucia* con que, impulsado por su afición invencible al vino, inventa un ardid habilísimo para seguir robándoselo al receloso ciego.

[*Estructura*] La nota de *astucia* está presente en todo el fragmento, en el cual podemos distinguir dos apartados: en las cinco primeras líneas describe el pícaro la preparación del artificio, y en el resto, su provechoso funcionamiento.

[*Análisis. Apartado a)*] El primer apartado insiste primero en la *necesidad* de vino que el pícaro siente, y después en la *sutileza* del ardid que se ve obligado a inventar. Es una confirmación de que la necesidad aguza el ingenio.

La primera nota se manifiesta por la frase principal *moría por él* [el vino] y su subordinada causal *como estaba hecho al vino*. Se pondera con ellas la *necesidad* que le conducirá al invento ingenioso, y al robo. Porque no es la suya una afición dominable: *muere por beber*; y no es un gusto que pudiera procurarse de tarde en tarde: *estaba hecho al vino*. Son, como vemos, expresiones coloquiales, muy vivas, muy típicas de la lengua del pueblo, que Lázaro emplea para confesarnos su lastimosa intimidad.

Otra nueva causa le induce a inventar algo nuevo: *viendo que aquel remedio de la paja no me aprovechaba ni valía...* La inutilidad de la treta anterior (a la que llama *remedio*, en función de la *necesidad* que satisfacía), queda patente por esa unión, tan coloquial también, de dos verbos ligados por *ni: no me aprovechaba ni valía*.

Las dos causas citadas (*estaba hecho al vino* y la inutilidad del anterior remedio) le fuerzan a su ingeniosa invención: *acordé en el suelo del jarro hacerle una fuentecilla y agujero sutil*. La nota ahora dominante es la *agudeza* de la treta; y también la cautela suma con que debe proceder para que el ciego no se dé cuenta.

Una serie de rasgos gramaticales y léxicos expresan bien todo aquel proceder astuto *(tema)* y hábil; el diminutivo *fuentecilla*, emparejado con la expresión sinónima* *agujero sutil;* esta, en efecto, no añade nada a la descripción, pero refuerza la idea de la finura que Lázaro tuvo que poner en su maquinación.

Tales notas se acumulan en la frase siguiente: *y delicadamente, con una delgada tortilla de cera, taparlo.* Muy expresivo es el primer adverbio, y con él, los elementos que ponderan la delgadez e imperceptibilidad del tapón de cera; el adverbio *muy,* el adjetivo *delgada* y el diminutivo *tortilla* (= torta pequeña).

[*Apartado b)*] Según se ha dicho, en la segunda parte del texto (líneas 5-11) se explica el funcionamiento del artificio. La nota que ahora predomina es la del *placer* que Lázaro siente satisfaciendo su vicio. (Se prepara así el efecto de rudeza que tendrá la venganza del ciego, cuando su criadillo esté más embelesado en su mezquino goce.)

Las frases iniciales describen muy plásticamente la treta. Lázaro, al tiempo de comer, *fingía* frío. Pero ¿tenía que fingirlo? Evidentemente la temperatura era baja, porque, si no, sobraba la lumbre que tenían encendida. Entonces, ¿por qué dice que *fingía* tener frío? Sólo porque le interesa conducir nuestra atención a la astucia *(tema)* con que obraba. Hasta el frío que era bien real, nos lo presenta bajo la forma de fingimiento, de habilidad.

La pobreza extrema, la miseria en que se desarrolla la escena, muy típica de la novela picaresca, se pone de relieve con los adjetivos *triste* (ciego) y *pobrecilla* (lumbre).

La cera se derretía *por ser muy poca.* Lázaro vuelve a aludir a la delgadez del tapón, necesaria para que pudiera ablandarse con la escasa lumbre; y con ello sigue mostrándonos su ingenio, capaz de forjar un artificio tan delicado como imperceptible para su amo.

Allí comenzaba el gozo de Lázaro. La fuentecilla empezaba a *destilarle* (nueva insistencia en la sutileza del mecanismo) el vino en su boca, diestra en no desperdiciar nada del generoso líquido.

La frase final vuelve a la nota temática de la avidez, del vicio del niño. La ponderación *que maldita la gota se perdía,* es de marcado carácter coloquial.

[*Conclusión*] Todo el fragmento ejemplifica bien la astucia del pícaro, que tiene que satisfacer sus necesidades... y sus vicios, en un ambiente de hostilidad y de pobreza. Son numerosos los rasgos lingüísticos que Lázaro emplea —la novela picaresca es siempre autobiográfica, y por tanto, está escrita en primera persona—

para poner en relieve su *habilidad* y su *ingenio*. Dos breves notas, sin embargo, le bastan para evocar el ambiente de miseria en que la escena transcurre.

La treta nos regocija y, a la vez, promueve nuestra compasión hacia aquellos desventurados, cuya pobreza les hace disputarse, con recursos dignos de más noble fin, el contenido de un jarrillo de vino. El fragmento es un prodigio de sencillez y de plasticidad* descriptiva.

LUIS DE GÓNGORA: FÁBULA DE POLIFEMO Y GALATEA

[Descripción del cíclope Polifemo]

Un monte era de miembros eminente
éste que —de Neptuno hijo fiero—
de un ojo ilustra el orbe de su frente,
émulo casi del mayor lucero;
5   cíclope a quien el pino más valiente,
bastón le obedecía tan ligero,
y al grave peso junco tan delgado,
que un día era bastón y otro cayado.

COMENTARIO

[*Localización*]   He aquí una octava de la famosa *Fábula de Polifemo y Galatea*, de don Luis de Góngora (1561-1627). Pertenece, pues, a la obra que, juntamente con las *Soledades*, ha dado al gran cordobés fama de poeta difícil. Ambos poemas representan, en efecto, la cima del *culteranismo**, algunos de cuyos rasgos más salientes vamos a tener ocasión de señalar en el fragmento.

Este pertenece, sin duda, a la primera parte de la *Fábula*, ya que en él se retrata a uno de los protagonistas, el cíclope Polifemo.

[*Tema*]   El tema de esta estrofa es bien simple: en ella trata Góngora de exaltar la grandeza corporal y la fuerza de su héroe.

[*Estructura*]   Resulta difícil, si no imposible, señalar las líneas de su estructura. Se trata, como hemos dicho, de una octava real, en la que los elementos descriptivos y ponderativos se van sumando por este orden: comparación del cíclope con un monte, descripción de su ojo, y exaltación de la fuerza que posee, patente en el hecho de que podía utilizar un árbol como bastón. Se fija el poeta, según vemos, en las notas que definen un cíclope mitológico: su gigantismo (y fortaleza) y el ojo único en la frente.

[*Análisis*]   Comienza la estrofa con un rasgo culterano bien típico (tomado del *conceptismo**; el *culteranismo* es sólo una solución particular de aquel): una metáfora magnificadora. El *concepto* consiste aquí en identificar el cíclope con un *monte*. Otro rasgo, específicamente culterano éste, el hipérbaton*, aparece también en el primer verso: *un monte era de miembros eminentes* (= era un monte eminente de miembros). El adjetivo *eminente*, muy culto, suma su significación al sustantivo, para definir aquella humana montaña *(tema)*.

La aliteración* de sonidos nasales que aquí se produce contribuye igualmente a la finalidad temática; y produce los efectos musicales que siempre buscaron Góngora y sus seguidores. En su conjunto, este primero es un buen modelo de verso culterano.

El segundo no posee menos significación «escolar»; dejando aparte el nuevo hipérbaton *de Neptuno hijo fiero* (= hijo fiero de Neptuno), contiene el sujeto del verbo *era* del verso anterior. Pero no nos dice Góngora el nombre: con *éste que...* inicia una «alusión* perifrástica»; mediante ella evita el nombre para presentarlo con un rodeo gramatical y poético complicado. Polifemo (nombre evitado) es

> éste que –de Neptuno hijo fiero–
> de un ojo ilustra el orbe de su frente, etc.

Éste que constituye, pues, el comienzo de una alusión perifrástica –tan culterana también– que ocupa el resto de la octava. El inciso *de Neptuno hijo fiero* es el primer elemento de la alusión.

En los versos 3-4 se produce otro hipérbaton: *émulo* se refiere a *ojo*. Las palabras han sido elegidas por el poeta conforme a la finalidad temática y a su técnica culta. El cíclope no «tiene» un ojo en la frente, sino que la *ilustra* con él: en el verso siguiente nos explicará por qué.

Habla también Góngora del *orbe de su frente*. Otra ponderación: la frente del cíclope es tan gigantesca que permite su identificación metafórica con la esfera celeste. La cual (verso 4) aparece *ilustrada* por un émulo casi del sol. (El nombre del astro es evitado; de nuevo utiliza el poeta una alusión perifrástica: *el mayor lucero*.) Un concepto, como vemos, bien ajustado al tema.

Según hemos dicho, los cuatro versos últimos están destinados a exaltar la fortaleza física de Polifemo. Era ésta tal que el *pino más valiente* le obedecía ligero cuando lo usaba como bastón. El adjetivo *valiente* aplicado a un pino llama la atención por su novedad y por lo que sugiere: fortaleza y altura que le hacen sobresaliente entre todos.

Pero este árbol así magnificado, se convertía en delgado *junco* ante el *grave* peso del cíclope. El efecto ponderativo buscado alcanza así un logro admirable. Observemos cómo el adjetivo *grave* insiste cultamente en la idea de peso.

La consecuencia de una y otra cosa —la fuerza de Polifemo y la debilidad relativa del árbol— se expresa concentrada y maravillosamente en el verso final: *que un día era bastón y otro cayado.* El cíclope, utilizando aquel fortísimo pino como bastón, lo doblaba hasta convertirlo en cayado. La rapidez con que esto se producía se pondera con los complementos *un día ... y otro* (= 'al día siguiente').

[*Conclusión*]   La octava, en resumen, es un excelente ejemplo del estilo de Góngora. Sin poseer dificultades insalvables —aquellas dificultades que valieron para don Luis el título de «Príncipe de las tinieblas»— sus rasgos culteranos son, sin embargo, densos: hipérbaton frecuente, metáforas osadas, adjetivación abundante ... Y todo al servicio de una finalidad descriptiva y ponderativa plenamente lograda.

CALDERÓN DE LA BARCA: EL ALCALDE DE ZALAMEA

DON LOPE

¿Sabéis, vive Dios, que es
capitán?

CRESPO

Sí, vive Dios;
y aunque fuera general,
en tocando a mi opinión,
5 le matara.

DON LOPE

A quien tocara
ni aun al soldado menor
sólo un pelo de la ropa,
viven los cielos, que yo
le ahorcara.

CRESPO

A quien se atreviera
10 a un átomo de mi honor,
viven los cielos también,
que también le ahorcara yo.

DON LOPE

¿Sabéis que estáis obligado
a sufrir, por ser quien sois,
15 estas cargas?

CRESPO

　　　　Con mi hacienda;
　　pero con mi fama, no.
　　Al rey la hacienda y la vida
　　se ha de dar; pero el honor
　　es patrimonio del alma,
20　y el alma sólo es de Dios.

(Jornada I, escena XVIII.)

COMENTARIO

[*Localización*] Es un fragmento muy conocido del drama *El alcalde de Zalamea*, de Pedro Calderón de la Barca (siglo XVII), el cual pertenece a la llamada «primera época» del gran dramaturgo madrileño, caracterizada por una imitación bastante directa del teatro de Lope de Vega; incluso el tema le debe en esta ocasión: el Fénix había escrito otra obra con el mismo título y con semejante asunto. Pero Calderón ha hecho olvidar el drama de su predecesor con el suyo más maduro y más perfecto. En *El alcalde de Zalamea* hay un conflicto de honra y una cuestión de jurisdicción entre los poderes militar y civil. El primero se plantea con la llegada de una compañía de soldados, mandada por el capitán don Álvaro de Ataide, a Zalamea. El capitán es alojado en casa del rico labrador Pedro Crespo; la hija de este, que se ha ocultado recatadamente en sus habitaciones, es descubierta por el capitán, que la corteja. Pedro Crespo increpa al capitán, y el incidente se resuelve con la llegada del general don Lope de Figueroa, el cual ordena al capitán que busque otro alojamiento.

Pero el drama se desencadena: don Álvaro burla a Isabel, y Pedro Crespo dispone su venganza; en aquel momento ha sido nombrado alcalde de Zalamea. Surge entonces la cuestión de jurisdicción. Crespo, con terquedad, no entrega el prisionero a la autoridad militar, y ordena que le den garrote. Cuando don Lope se dispone a castigar al pueblo y a su alcalde, llega el rey, que dicta una famosa sentencia:

　　　　Don Lope, aquesto ya es hecho.
　　　　Bien dada la muerte está,
　　　　que errar lo menos no importa,
　　　　si acertó lo principal.

Nuestro fragmento corresponde al diálogo que el labrador y el militar mantienen, una vez que don Álvaro, siguiendo las órdenes de su superior, ha marchado a un nuevo alojamiento. El

127

conflicto no ha hecho más que insinuarse y Calderón nos describe lo que ambos personajes dicen y piensan, como preparación para entender después su comportamiento, cuando el hecho dramático se produzca. Pedro Crespo ha dado las gracias a don Lope por su intervención, y le asegura que sin ella habría dado muerte al capitán; esto ocasiona el enojo del general.

[*Tema*]   En el pasaje que comentamos, late como tema la *obstinación* de los interlocutores en posturas irreductibles y antagónicas: el villano proclama su derecho a velar por su honra, mientras que el militar defiende sus privilegios.

[*Estructura*]   El fragmento está escrito en romance* con rima aguda, muy apta para que los personajes se expresen con rotundidad. En los doce primeros versos, las afirmaciones se formulan por Crespo y don Lope con cierto matiz de amenaza, y hasta de ironía* por parte del villano; en los versos finales, pierden ambas cualidades la pregunta del general y la respuesta de Pedro; esta última adquiere una solemnidad lapidaria.

[*Análisis. Apartado a)*]   Comienza el pasaje con una pregunta de don Lope, en la que el juramento ¡vive Dios! desempeña dos funciones: pretende, por un lado, caracterizar el habla desenvuelta de los soldados; y, por otro, carga de severidad y de amenaza la voz de don Lope, irritado sin duda porque Crespo, un villano, se ha permitido afirmar, como hemos dicho, que habría dado muerte a un oficial. Pedro Crespo ha captado esta intención y acepta el desafío dialéctico de don Lope, repitiendo el juramento tras la escueta afirmación *sí*, con la que asume la plena responsabilidad de sus palabras. Enardecido, llega más lejos: *aunque fuera general*, dice, en tocando a su opinión (esto es, a su honra, a su fama) le habría dado muerte. Pero ocurre que don Lope es general; aunque Pedro no ha concretado, lo que ha dicho es casi un reto lanzado a su interlocutor. El empleo de la concesiva *(aunque...)* sirve bien la nota fundamental de obstinación que hemos señalado en el tema. La convicción vehemente de Crespo se expresa también por la construcción *en tocando*: el gerundio precedido de *en* indica que la acción de la principal *(matar)* se producirá apenas se realice la del gerundio (atentar contra su honra). No es, pues, algo sobre lo que el futuro alcalde dude: lo que ha afirmado lo mantendría con la acción (y de hecho lo cumplirá más adelante, cuando su honor haya sido pisoteado). Con estas palabras sólo, el carácter de Crespo queda bien definido: en defensa de su honra, nada le detendría; ni siquiera el grado de su ofensor, ni siquiera el fuero militar.

Don Lope recoge el reto. También sus afirmaciones generalizan, pero una amenaza, concretamente dirigida a Crespo, se oculta en ellas. No está dispuesto a transigir lo más mínimo: la justicia militar le compete a él. Y afianza su intransigencia con rasgos enfáticos bien claros: *ni aun* (soldado), *menor, sólo un pelo de la ropa.* Su celo es tal que una intromisión mínima le bastaría para ahorcar al osado. Y de nuevo el juramento *viven los cielos*, que además de las funciones caracterizadora e intimadora antes señaladas tiene otra: la de rubricar la amenaza.

Pedro no cede; el general ha hablado en pura hipótesis, pero él —como antes don Lope— se ha sentido aludido. Existe un paralelismo antagónico, con correspondencia perfecta en la expresión: la misma generalización *a quien*, idéntica disminución enfática* del motivo *(un átomo),* igual decisión: *también lo ahorcara yo.* El antagonismo corre tenso y contenido. Ninguno de los dos está dispuesto a doblegarse: uno llegará a donde llegue el otro. De ahí que Crespo jure de igual modo que Figueroa *(viven los cielos),* y que subraye el juramento con un *también,* expresión viva del pique, de la voluntad de emulación. Idéntica función desempeña el *también* del verso 12.

[*Apartado b)*] Don Lope, francamente enojado por esta igualación en que se obstina el aldeano, le recuerda su condición de tal: era una obligación para los villanos alojar en sus casas la tropa, cuando esta se desplazaba. Con ello da un giro nuevo a la disputa, en la que un inferior llegaba tan lejos o más que él, sin ceder un punto.

Crespo, que no lo ha olvidado, reconoce con presteza, con lealtad, aquel deber, y contesta rápidamente al recordatorio que de modo bien directo acaba de hacerle el militar. Su respuesta se realiza en primera persona: *Con mi hacienda, / pero con mi fama no.* Y en seguida la apoya en el razonamiento impersonal, con rasgos de máxima imperecedera, que contienen los cuatro últimos versos.

[*Resumen*] En suma, este breve fragmento tiene un valor capital para caracterizar no sólo a Pedro Crespo, protagonista* del drama, sino a don Lope, antagonista* y amigo, a la vez, del villano. Son los suyos dos espíritus recios, tercos, ágiles en la discusión, violentos si el caso llega, pero dueños también de sus impulsos. El autor ha dado a Crespo una socarronería aldeana muy sugestiva: sabe amenazar sin amenazar (con sus impersonales generalizaciones), e incluso se burla de la violencia de Figueroa (repetición de juramentos y otros modos expresivos), sin perderle jamás la cara. El mantenimiento de este juego, de este pique, podía quizá dibujar un carácter irrespetuoso en el villano; al fin y al cabo, don Lope es un glorioso soldado, y su relación con Crespo ha sido, hasta entonces, muy generosa. De ahí que, en seguida, y como remate de la discusión, Calderón ponga en labios de Pedro la razón solemne y noble en que se apoya su terquedad.

RUBÉN DARÍO: LOS MOTIVOS DEL LOBO

El varón que tiene corazón de lis,
alma de querube, lengua celestial,
el mínimo y dulce Francisco de Asís,
está con un rudo y torvo animal,
5   bestia temerosa, de sangre y de robo,
las fauces de furia, los ojos de mal,
el lobo de Gubbia, el terrible lobo.
Rabioso ha asolado los alrededores,
cruel ha deshecho todos los rebaños,
10   devoró corderos, devoró pastores,
y son incontables sus muertes y daños.
Fuertes cazadores armados de hierros
fueron destrozados. Los duros colmillos
dieron cuenta de los más bravos perros,
15   como de cabritos y de corderillos.

COMENTARIO

[*Localización*] Así comienza la célebre poesía de Rubén Darío
Los motivos del lobo. Se trata de un poema típicamente modernista*,
tanto en la forma (posee una rica musicalidad y abundan las rimas
agudas y los ritmos marcados) como en el tema narrado, un milagro
atribuido a San Francisco de Asís.

El genial lírico nicaragüense ha dado, con *Los motivos del lobo*,
una muestra de su amarga concepción del hombre; un terrible
lobo se ha hecho famoso en Gubbia por su crueldad; el santo pacta
con él la paz, y la fiera baja a vivir al pueblo. Francisco tiene que
ausentarse y el lobo vuelve al monte, a recomenzar su vida de antes.
Cuando el santo va a pedirle cuentas de por qué rompió el pacto,
escucha de él una terrible explicación: en los hombres anidan los
pecados capitales, y son crueles:

130

Me vieron humilde, lamía las manos
y los pies, seguía tus sagradas leyes,
todas las criaturas eran mis hermanos:
los hermanos hombres, los hermanos bueyes,
hermanas estrellas y hermanos gusanos
y así, me apalearon y me echaron fuera.

El animal no pudo soportarlo, y en sus entrañas revivió la fiera.
Cuando Francisco oyó todo esto, se limitó a callar,

y partió con lágrimas y con desconsuelos,
y habló al Dios eterno con su corazón.
El viento del bosque llevó su oración,
que era: «Padre nuestro que estás en los cielos...»

Como hemos dicho, el fragmento que debemos comentar constituye el comienzo del poema. Rubén nos presenta ya al santo en compañía del lobo.

[*Tema*]   Estos versos iniciales tienen, sin duda, como tema el *contraste* entre el seráfico religioso y la fiera violenta.

[*Estructura*]   Este contraste se ofrece en dos apartados muy bien delimitados: los cuatro primeros versos trazan la delicada figura del santo; los once siguientes enumeran rasgos terribles del lobo.

El fragmento es regular en cuanto a los versos: todos son dodecasílabos*, con cesura* en la sexta sílaba. Pero hay variación estrófica: los siete versos primeros forman un remate de tercetos* encadenados (ABA, BCBC); los ocho restantes constituyen dos serventesios*. Quizá esta variación tenga efectos musicales deliberados.

[*Apartado a)*]   El primer apartado está todo él en tiempo presente. El lector entra de golpe en una escena viva, actual, desplegada ante su imaginación. Se nos brinda la situación antes de narrar la sangrienta historia del lobo. Están frente a frente el más santo de los hombres y la más cruel de las fieras.

El poeta alude al primero perifrásticamente*, antes de decirnos su nombre. Y no nos habla de *un varón*, de modo indeterminado, que nos haría pensar en un hombre entre otros iguales a él. Por el contrario, con el artículo *el* se señala su singularidad, sólo hay un hombre capaz de aquello: precisamente, San Francisco. Se trata, pues, de un recurso gramatical para acentuar, en el contraste, los rasgos seráficos de uno de los interlocutores *(tema)*.

A esta misión contribuyen también las metáforas *corazón de lis* (con la espiritual blancura que evoca), *alma de querube* y *lengua celestial;* las tres, sucediéndose, se refuerzan, suman sus notas de

131

pureza. En el tercer verso, el nombre del varón va precedido de dos adjetivos, *mínimo* y *dulce*, que insisten en la definición del santo. *Mínimo* alude, sin duda alguna, a la humildad extrema de Francisco. Quizá este adjetivo le viniera sugerido a Rubén por el recuerdo de los frailes *mínimos*, fundados por San Francisco de Paula en el siglo xv. Pero el Santo de Asís vivió mucho antes, en el xiii. El poeta, aunque bajo la sugestión devota de la palabra *mínimo*, la aplica al héroe de su narración en el sentido ya señalado de humilde, tímido.

El cuarto verso ofrece un contraste claro con los tres primeros; en estos, el santo ha aparecido impalpable casi, seráfico, espiritual... De pronto sabemos que *está con un rudo y torvo animal*. Fijémonos en la pareja de adjetivos *rudo y torvo*, aplicados al lobo, que se oponen, mediante antítesis*, a la pareja *mínimo* y *dulce*, aplicadas al santo. La intención de contraste está bien clara *(tema)*.

Sin embargo, Darío, con un rasgo lingüístico sutil *(está con)* nos indica en seguida que su entrevista es de paz. *Estar con* una fiera implica que esta no se manifiesta con ferocidad.

[*Apartado b*)] Los versos restantes, según precisamos ya, apartan nuestra atención del santo, para conducirla a su antagonista*, al sanguinario lobo.

De igual manera que la presentación de Francisco comenzaba por una palabra genérica *(varón)* y el nombre no se decía hasta el verso tercero, la presentación del lobo empieza por otra palabra genérica *(bestia)* y su determinación no se hace hasta dos versos después *(el lobo de Gubbia, el terrible lobo)*. La intención de mostrar un contraste permanece, pues, bien presente. Es obvia en la estructura gramatical que ofrecen los versos 2 y 6:

> *alma de querube, lengua celestial / las fauces de furia,*
> *los ojos de mal,*

Notable es también cómo el poeta produce efectos antitéticos en los versos 3 y 7:

> *el mínimo y dulce Francisco de Asís / el lobo de Gubbia,*
> *el terrible lobo.*

El primero ofrece un predominio de la vocal *i;* el efecto sonoro es de finura, de suavidad... El predominio de la consonante bilabial *b* en el segundo produce efectos acústicos bien contrarios *(tema)*.

El serventesio que sigue nos narra las actividades criminales de la fiera. Los adjetivos no dejan lugar a dudas: *rabioso, cruel;* las acciones son contundentes: *asolado, deshecho, devoró*. El poeta ha acumulado en su caracterización los rasgos de dureza, de violencia, de implacabilidad. La diferencia con el varón que ahora tiene delante no puede ser más rotunda. Aunque quizá estos rasgos sirvan para preparar otro contraste posterior: este lobo carnicero tendrá ocasión de escandalizarse con la crueldad de los hombres, muy superior a la suya.

Las notas que insisten en la violencia de la fiera son, como hemos dicho, numerosas en el léxico. Fijémonos aún en la enumeración rápida de acciones *(ha asolado..., ha deshecho..., devoró..., devoró)* que comunica la impresión de su incansable, de su constante ferocidad; en el adjetivo *todos*, que insiste en su implacabilidad; en la estructura simétrica *devoró corderos, devoró pastores,* que expresa bien la saña del lobo, que no hace distinción entre hombres y animales... Todo lo lleva por delante la terrible fiera. Rubén concluye, quizá con un verso de poco relieve tras lo que lleva dicho: *y son incontables sus muertes y daños.*

La última estrofa (otro serventesio) narra los inútiles esfuerzos de los aldeanos por librarse de su enemigo. Si antes predominaba la nota de *crueldad*, ahora se insiste en la *fuerza* indomable de la bestia. Para ello se utiliza un sencillo recurso: mostrar la fortaleza de los cazadores y de sus perros..., que, a pesar de ello, son vencidos por el lobo.

El verso 12, en efecto, presenta unos *fuertes cazadores armados de hierros.* Obsérvese cómo su fortaleza se expresa mediante el primer adjetivo, el plural *hierros* y la aliteración de *r* que produce un efecto onomatopéyico*: oímos materialmente el ruido de la poderosa tropilla que sale en busca de la fiera; pero en el verso siguiente está el verbo, el desenlace de la aventura: *fueron destrozados.* El lobo fue más poderoso que los hierros de sus enemigos. Los perros sucumbieron también a sus duros colmillos. Podemos observar cómo se magnifica la potencia de la bestia con el giro gramatical *dieron cuenta* (que significa acabar, dar fin, en poco rato), con el superlativo *los más bravos perros* y con la comparación de estos con *cabritos* y *corderillos.*

[*Resumen*] El fragmento, en suma, está estructurado conforme a un sistema de contrastes, uno principal (lobo-San Francisco) y otro secundario (lobo-perseguidores), cuya finalidad hay que comprender en la totalidad del poema. En nuestra explicación nos hemos limitado a mostrar cómo los recursos expresivos se supeditan al primero de dichos contrastes. Las simetrías, las aliteraciones*, las rimas sonoras, la solemnidad del dodecasílabo regular, contribuyen a la musicalidad del fragmento, que es, a la vez, superficial, bello y plástico.

133

CAMILO J. CELA: BAILE EN LA PLAZA

Mientras viene cayendo, desde muy lejos, la noche, comienzan a encenderse las tímidas bombillas de la plaza. Sobre el rugido ensordecedor del pueblo en fiesta se distinguen de cuando en cuando algunos
5 compases de «España cañí». Si de repente, como por milagro, se muriesen todos los que se divierten, podría oírse sobre el extraño silencio el lamentarse sin esperanza del pobre «Horchatero Chico», que con una cornada en la barriga, aún no se ha muerto. «Hor-
10 chatero Chico», vestido de luces y moribundo, está echado sobre un jergón en el salón de sesiones del Ayuntamiento. Le rodean sus peones y un cura viejo; el médico dijo que volvería.

(De *El gallego y su cuadrilla*.)

COMENTARIO

[*Localización*] Es este un fragmento del libro *El gallego y su cuadrilla*, original del escritor contemporáneo Camilo José Cela (n. en 1916), considerado como uno de los mejores prosistas contemporáneos.

En *El gallego y su cuadrilla* recoge Cela algunos de sus «apuntes carpetovetónicos», que él define como «un agridulce bosquejo, entre caricatura y aguafuerte..., de un tipo o de un trozo de vida peculiares...». La definición conviene exactamente, como vamos a ver, al fragmento propuesto.

[*Tema*] El tema de este pasaje es el *contraste* entre la algazara brutal de un pueblo en fiestas y la triste agonía de un torerillo que ha caído herido aquella misma tarde, y que muere casi a solas.

[*Estructura*] Dos partes se perciben claramente en el fragmento; en la primera se describe, con rápidos y penetrantes rasgos,

134

el ambiente vulgar y chabacano de la fiesta (líneas 1-5); en la segunda se pinta la agonía del torerillo (líneas 5-13).

[*Análisis. Apartado a)*].   La fiesta está en su apogeo. Han pasado seguramente pocas horas desde que *Horchatero Chico* regó de sangre aquella plaza, ahora invadida por la multitud. El giro *viene cayendo... la noche*, reforzada por el complemento *desde muy lejos*, pone el marco temporal al fragmento; se trata de un lentísimo crepúsculo, tan largo quizá como las ansias de diversión de aquellas gentes, como la agonía del novillero. Poco a poco *comienzan a encenderse las tímidas bombillas de la plaza*; se trata, pues, de un festejo popular.

El adjetivo *tímidas* posee fuerza evocadora*. La plaza ha sido engalanada con abundantes bombillas, que a esta hora del atardecer se encienden, frágiles y amarillentas, aún innecesarias para el jolgorio. El autor nos sugiere la violencia de este por el «temor» de aquellas.

Las gentes están bailando. Cela nos habla de su *rugido ensordecedor*. El sustantivo *rugido* expresa la animalidad del festejo, denunciado por el autor con un rigor implacable. Es, además, un rugido unánime: *el pueblo* está divirtiéndose, haciendo más penoso el abandono en que muere *Horchatero Chico (tema)*.

Sobre el clamor de las gentes *se distinguen de cuando en cuando algunos compases de «España cañí»*. La locución adverbial *de cuando en cuando* nos hace entrever la competencia entablada entre el estruendo del pueblo y el de la música. Se trata de otro modo indirecto y hábil de sugerirnos aquella violencia populachera; el efecto se refuerza por la vulgaridad de la pieza que, a cortos intervalos, puede oírse.

[*Apartado b)*]   El autor nos conduce de pronto a la escena de la agonía. El moribundo no está lejos: los balcones del Ayuntamiento darán, seguramente, a la plaza. Por eso, si se produjera la muerte de cuantos allí se divierten *podría oírse sobre el extraño silencio el lamentarse sin esperanza del pobre «Horchatero Chico»*. Con esta frase gira nuestra atención de la fiesta a la víctima. Se trata de una inesperada hipótesis del escritor. ¿Qué la ha motivado? ¿Por qué se le ha ocurrido a Cela tan grave hipótesis? Hay tras ella, quizá, un confuso sentimiento de justicia y de venganza. Pero, nuevamente, lo que podemos imaginar es más de lo que el autor dice. Por lo repetida, parece esta una característica de su estilo.

El contraste *(tema)* es rápido y violento. Frente a la algazara popular, este *lamentarse sin esperanza*. En la muerte cierta del novillero insistirá poco después: *aún no se ha muerto*. Hay piedad y ternura en el *pobre* que califica a *Horchatero Chico*. Y el nombre «artístico» de este posee una enorme fuerza sugestiva: imaginamos al muchachillo humilde, de oficio miserable, en su peregrinación hacia una incierta fortuna por las capeas pueblerinas. Toda una historia de pobreza, de ambición y hasta de heroísmo nos ha sugerido Cela con sólo elegir ese apodo para su torero.

Una finalidad evocadora del ambiente social en que todo aquello ocurre posee el sustantivo *barriga (con una cornada en la barriga, aún no se ha muerto)*. Es esta una forma popular y desgarrada de designar el vientre, la que el muchacho mismo usaría... de salir con vida. El autor nos ha sumido, magistralmente, en un clima vulgar de gentes que hablan así, que mueren sin gloria y se divierten sin piedad.

Porque, en efecto, pocas muertes menos gloriosas que la de «Horchatero Chico»: *vestido de luces y moribundo, está echado sobre un jergón en el salón de sesiones del Ayuntamiento*. Lleva aún el traje que le debió servir para triunfar, para lucir su arte y su gallardía bajo el sol de la fiesta. Nadie le ha despojado de su atuendo; quizá porque una operación ya es innecesaria, pero quizá también —nueva sugerencia— porque nadie se ha cuidado de quitárselo. Está además en un *jergón* —ni siquiera en una cama— y en un lugar negado a toda intimidad: el público salón de sesiones del Ayuntamiento.

En aquella habitación, que hemos de imaginar grande y destartalada, unos pocos hombres rodean al herido: sus peones y un cura viejo. Nada nos dice el autor de su actitud ni de sus sentimientos: sólo alude a su presencia; el resto también hemos de imaginarlo nosotros.

El médico dijo que volvería. Con esta frase final, tan escueta, tan desnuda como el resto del fragmento, Camilo José Cela insiste en lo inevitable de la muerte de *Horchatero*, puesto que el médico se ha marchado sin intervenir; e insinúa la despreocupación de este, que abandona al muchacho en el instante último *(tema)*.

[*Conclusión*] Hemos tenido ocasión de notar una serie de rasgos muy acusados en el pasaje: los lugares, los personajes y sus comportamientos son *sugeridos* y no descritos; se utilizan para ello elementos formales muy simples. Sólo en dos momentos parece que el escritor toma partido: al hablar del *rugido ensordecedor* de la gente y al calificar de *pobre* al torerillo. Con ello matiza suficientemente los dos extremos del contraste. En lo demás se expresa con neutralidad, con simplicidad. Para la descripción de la agonía, le basta una simple enumeración, sin adjetivos de índole sentimental, para producir un efecto patético.

Resulta en extremo atrayente este modo de narrar, esta, sin duda, dificilísima facilidad.

Apéndice para alumnos universitarios

---

[1] Publicado en *Ibérida*, VI, Río de Janeiro, 1961, págs. 97-114.
[2] Publicado en *Mélanges à la mémoire de Jean Sarrailh*, París, 1966, págs. 29-40.
[3] Publicado en *Papeles de Son Armadans*, 1956, págs. 145-160.

I

UN FRAGMENTO DE ALFONSO X

Tiene razón Gerold Hilty al lamentarse, en su edición de *El libro cumplido*[1], del escaso conocimiento que aún poseemos acerca del «*cómo* de la creación de la prosa literaria castellana». Es obvio que una serie de cotejos entre las fuentes y sus traducciones o adaptaciones en las obras de Alfonso X, hubiera proporcionado datos óptimos para la historia de nuestra prosa, que es, hoy por hoy, un inmenso yermo. El camino abierto por María Rosa Lida, al estudiar las versiones de Ovidio en la *General Estoria*[2], merece ser continuado y extendido[3]. Importa mucho ocuparse del mecanismo concreto de la prosa alfonsí o, por mejor decir, de las prosas alfonsíes, sin cuyo dominio nos faltarán elementos de juicio para medir el alcance de aquella empresa —más encomiada que valorada—, y careceremos de puntos de referencia para comprender el proceso evolutivo de la lengua literaria, y la impronta personal que en él marcaron los escritores de las centurias siguientes[4].

En un solo aspecto ha podido darse una caracterización precisa

---

[1] Publicada por la Real Academia Española, Madrid, 1954, pág. xxxvii.

[2] «La *General Estoria*: notas literarias y filológicas», en *RPh*, XII (1958), págs. 122-131. Véase también A. Badía, «La frase de la *Primera Crónica General* en relación con sus fuentes latinas. Avances de un trabajo de conjunto», en *RFE*, XLII (1958-1959), páginas 179-210; y «Los *Monumenta Germaniae Historica* y la *Primera Crónica General* de Alfonso el Sabio», en *Strenae* (homenaje al profesor García Blanco), Salamanca, 1962, páginas 69-75.

[3] Se encuentran excelentes caracterizaciones de la lengua alfonsí en R. Menéndez Pidal, prólogo de la *Primera Crónica general*, Gredos, Madrid, 1955; y *Antología de prosistas españoles*, Austral, Madrid, 1951, págs. 13-16; Américo Castro, *Glosarios latino-españoles de la Edad Media*, Madrid, 1963, págs. LXIII y ss.; J. Oliver Asín, *Introducción al estudio de la historia de la lengua española*, 3.ª ed., Zaragoza, 1939, págs. 63-66; Rafael Lapesa, *Historia de la lengua española*, 4.ª ed., Madrid, 1959, págs. 165-172; G. Hilty, *loc. cit.* Aspectos parciales y muy interesantes estudia A. Galmés de Fuentes, «Influencias lingüísticas del árabe en la prosa medieval castellana», en *BRAE*, 1966. Sobre los supuestos culturales que rodean la magna tarea de la corte castellana, ha escrito páginas definitivas Américo Castro en *La realidad histórica de España* (1954) y en su artículo «Acerca del castellano escrito en torno a Alfonso el Sabio», en *Filología Romanza*, I, 4 (1954), págs. 1-11.

[4] Sirvan como ejemplo de tales imprescindibles referencias las que hace María Rosa Lida, al estudiar la prosa de Juan de Mena, en su libro sobre este escritor.

de la lengua empleada por la corte alfonsí: en el lexicográfico[5]. Y se ha señalado como la aceptación de vocablos cultos (helenismos y latinismos), si bien abundante en los casos de falta de equivalencia castellana, fue contrarrestada por una actitud casticista que sólo puede interpretarse como hostilidad a la innovación. Entwistle ofrece una prueba afortunada de dicha actitud, al carear un pasaje de la *Farsalia* con su versión en la *Crónica General*[6]; he aquí cómo han sido sistemáticamente evitados los cultismos:

> *O prodiga rerum*
> *luxuries, nunquam paruo contenta paratu,*
> *et quaesitorum terra pelago ciborum*
> *ambitiosa fames, et lautae gloria mensae.*
>
> (IV, 373-376).

O desmesura gastadora de las cosas, et que en comer not abondas de pocas uiandas; e tu, fambre glotona, que not cumple lo que puedes fallar por mar et por tierra; e tu, mesa deliciosa, llena de quantas cosas el comedor demanda... (párrafo 100)[7].

Resultaría muy importante el estudio a fondo de este síntoma, por si nos halláramos ante una especie de conjura de los traductores alfonsíes. Mi intención, de momento, es más modesta; me propongo cotejar un breve fragmento de la *Crónica General*, perteneciente al retrato de Nerón, con su fuente latina. Lo limitado de mi investigación conferirá una indudable provisionalidad a las conclusiones; pero estas no me parecen del todo desdeñables, sobre todo como incitación a una empresa que debería acometerse con todo vigor.

Las traducciones de la corte castellana suponen el trasplante masivo de una cultura compleja y orgánica a un campo de civilización totalmente heterogénea. Nuestra prosa literaria nace bajo este signo ancilar de servicio a unos conocimientos nunca escritos en romance o, sencillamente, inéditos. Hilty ha hecho ver, muy acertadamente, que la actividad lingüística y cultural de los traductores alfonsíes se encuentra instalada en una tradición castellana más o menos breve[8]; quiere esto decir que aquellos no se encontraron en una actitud adánica, sino que sus actividades tenían puntos de

---

[5] Véase H. A. van Scoy, «Alfonso X as a lexicographer», en *HR*, VIII (1940), páginas 277-284; y observaciones interesantísimas en las obras citadas de Oliver, Lapesa y Hilty.

[6] *The Spanish Language*, Londres, 1936, págs. 192-193.

[7] En los versos de Lucano hay, por lo menos, dos voces que ya tenían carta de naturaleza en el siglo XIII: *piélago* (usada en el *Calila*) y *gloria*; esta última, por tradición cristiana, había desarrollado significaciones que la hacían, quizá, inutilizable en este texto. Cfr. Ch. Mohrmann, *Le latin médiéval* (Cahiers de civilisation médiévale), Univ. de Poitiers, 1948, pág. 279.

[8] *Op. cit.*, págs. XLV-LIII.

referencia inmediatos. Sin embargo, lo que confiere singularidad a la empresa real es su cohesión, su riqueza y su audacia, hasta el punto de que no resultaría aventurado afirmar que se hubiera producido con los mismos caracteres, sin la existencia de esa, a veces, parvísima tradición. La imagen de Alfonso X y su corte como iniciadores de la prosa literaria castellana, dista de ser hiperbólica.

Nuestro cotejo pretende dar una respuesta, referida a un punto muy concreto, al principal problema filológico que plantean estas versiones, esto es, al de cómo se tradujo. Nuestros traductores tuvieron que vencer la dificultad ingente de atribuir un cuerpo lingüístico e ideológico a un organismo culturalmente muy distante. De ahí que el examen del *modus interpretandi* alfonsí, tal como se deduzca de los hechos, puede informarnos muy precisamente sobre las posibilidades de la prosa castellana en su momento constitutivo y sobre su capacidad para expresar concepciones culturales ajenas. Tal capacidad es, por lo demás, función de una premisa: la conciencia histórica del traductor.

En efecto, la traducción, como ha señalado Ortega y Gasset[9], es un movimiento que puede efectuarse en dos direcciones: «o se trae el autor al lenguaje del lector, o se lleva el lector al lenguaje del autor». Ortega, ante estas dos posibilidades, opta decididamente por la segunda: «Sólo cuando arrancamos al lector de sus hábitos lingüísticos y le obligamos a moverse dentro de los del autor, hay propiamente traducción.» Se trata de que el lector se encuentre haciendo los «gestos mentales» del autor traducido, aunque para ello tenga que ser sometido el idioma al límite de su inteligibilidad. La versión que consiga nacionalizar la obra extranjera, hasta el punto de que no se encuentren en ella las huellas de su origen, será la traición postulada en el célebre aforismo. Por el contrario, se acercará más a su inalcanzable ideal cuando logre que la conciencia de los lectores se sienta bogando en un espacio nuevo, cuando consiga que su idioma parezca nacido de una visión del mundo distinta: la del texto vertido.

Pero esto sólo puede lograrse a condición de que el traductor posea una conciencia histórica firmemente desarrollada, esto es, de que pueda ver el paisaje total de la obra en perspectiva. Si no es capaz de contemplar todos sus relieves —los de la lengua y los de la cultura que se expresa por ella— desde la conciencia misma que los ha producido, su trabajo tendrá a lo sumo dos dimensiones, y la versión será un cuadro plano, sólo remotamente parecido a su modelo.

Naturalmente, las traducciones de la corte alfonsí pertenecen a la clase de las versiones «traidoras». Por fortuna, podríamos

---

[9] «Miseria y esplendor de la traducción», en *Obras completas*, V, 2.ª ed., 1951, páginas 448-449.

añadir, porque su valor esencial radica en su capacidad para testificar de sí mismas. Su visión del mundo romano, concretamente, es plana y sin perspectivas; aparece siempre regulada por los supuestos estamentales y culturales de Castilla. Por lo demás, se trata del típico aperspectivismo medieval.

Observemos con un ejemplo este tipo de traducción total, en que el texto vertido se empadrona, con todas sus consecuencias, en la nueva cultura. Cuenta Paulo Orosio que el emperador Cómodo gustaba de luchar con fieras en el circo; su frase (in amphitheatro feris sese frequenter obiecit) aparece así en la *Crónica* alfonsí: *Salie en ell amphiteatro a las bestias fieras et a los toros a lidiar con ellos et a matarlos, cuemo otro montero qualquiere, que son fechos que no conuienen a emperador ni a rey ni a otro princep ni a ningun omne bueno*[10].

La concreta alusión a los toros, la comparación con los monteros y la consideración moral última son, como vemos, añadidos del compilador. Paulo Orosio escribe ya lejos de la época de Cómodo; pero ha viajado por Oriente, último refugio del espíritu antiguo, y, en su mente, la afición de aquel emperador queda aprehendida en un sistema de valores históricamente justo o muy aproximado. Para su moral cristiana, los espectáculos circenses eran una viva manifestación de paganía, y él no rechaza los gustos de Cómodo desde una conciencia clasista, sino desde supuestos estrictamente éticos: el emperador se rebaja a una condición inhumana; y este hecho iba, sin duda, acompañado en el espíritu de Orosio de connotaciones exactas sobre las fiestas del circo. La *Crónica General* rodea la noticia de otra atmósfera bien distinta; a las fieras se añaden los toros, con lo que el texto adquiere un matiz local; no parece existir en el intérprete la menor vivencia de un circo antiguo: el anfiteatro ha sido remplazado por la plaza pueblerina; y la conciencia moral ha dejado paso a un prejuicio estamental. Lo que al traductor le parece reprobable no es la degradación pagana del emperador, sino el que se comportase *cuemo un montero qualquiere;* no el que se asemejase a una fiera, sino el que se codease con menestrales. Paulo Orosio censura un acto pagano; el traductor del Rey Sabio, una falta de etiqueta. La reducción no puede ser más clara.

Si esta ausencia de comunicación cultural se producía con rasgos tan acusados, podemos sentenciar a priori que, en el hecho material de la traducción, existe idéntica falta de permeabilidad. Lo cual, sin embargo, no es una opinión recibida; se afirma, por el

---

[10] Aduce estos textos M. Pidal, *Primera Crónica General*, pág. L, como ejemplo de la amplificación que se observa muchas veces en las versiones: «Cuando más el hecho impresiona la imaginación del compilador, más añade éste pormenores narrativos arbitrarios, a fin de infundir al relato mayor viveza y eficacia.» Según decimos a continuación, parece haber algo más que una simple intención plástica.

contrario, que las versiones regias se ciñen fielmente a los textos originales, y se asegura que las ampliaciones y excursos obedecen a ese pujo de fidelidad[11]. El análisis de un brevísimo fragmento no puede darnos apoyo para desechar esta interpretación cualitativa de la prosa alfonsina, que hemos de suponer apoyada en sólidas razones; pero quizá promueva alguna sospecha sobre su valor absoluto.

Como es sabido, Suetonio traza un cuadro vivo, animadísimo de las andanzas de Nerón, muerto poco antes de nacer él, que constituye la fuente principal del conocimiento que hoy poseemos del extravagante emperador. El texto de Suetonio fue abreviado por Vicente de Beauvais, en su *Speculum historiale*, y de este fue tomado por los compiladores de la *Crónica General*[12]. Nuestro cotejo va a limitarse, como he señalado, al retrato del famoso personaje. Beauvais refunde o suprime ciertos pasajes que debieron parecerle menos significativos. He aquí el texto castellano y su fuente:

[I] *Este Nero era mesurado de cuerpo, ni muy grand ni muy pequenno,* [II] *pero auielo todo lleno de manziellas et de mal olor;* [III] *auie los cabellos castannos et la cara fremosa mas que de buen donario;* [IV] *no auie el uiso claro, ni ueye bien de los oios;* [V] *la ceruiz auie delgada, et el uientre colgado, et las piernas muy delgadas.* [VI] *Seyendo ninno aprisiera todas las siet artes;* [VII] *et desque se partio daquel estudio fue muy sotil en assacar de suyo cosas nueuas;* [VIII] *assí que trobaua muy de grado, et fazielo sin tod affan.* [IX] *E fue de pintar muy maestro a marauilla et de fallar de nuevo muchas pinturas*[13].	Hic fuit statura paene iusta, corpore maculoso et foetido, capillo sufflauo, uultu pulchro magis quam uenusto; oculis caesiis et hebetioribus, ceruice obesa, uentre proiecto, gracillimis cruribus. Liberales disciplinas omnes fere puer attigit, auersus a Philosophia, ad Poeticam pronus, carmina libenter et sine labore composuit. Habuit et pingendi fingendique maxime non mediocre studium[14].

<hr />

[11] Así, por ejemplo: «El compilador, tratándose de fuentes latinas, expone con amplitud, y a menudo interpreta y borda el texto que sigue; no *traduce*, sino que *deduce*, y esto no sólo en los textos lacónicos de suyo, sino en todos, hasta en los poéticos. Hay por parte del compilador el deseo de no desperdiciar el más mínimo matiz embebido en el significado de las prestigiosas palabras latinas que traduce», Menéndez Pidal, *ibíd.*; «La versión de Ovidio en la *General Estoria* es una versión amplificatoria, pero de ningún modo por simple pujo retórico, sino como expresión forzosa del didactismo y realismo racionalista que presiden a la concepción de toda la obra. Alfonso quiere traer al castellano *todo* lo que dicen en sus lenguas respectivas las fuentes, y por eso no escatima palabras», M. R. Lida, *La General...*, págs. 122-123.

[12] Cfr. R. Menéndez Pidal, *ibíd.*, pág. xxxv. Sirvió seguramente de intermediario Bernardo de Brihuega; cfr. M. C. Díaz y Díaz. «La obra de Bernardo de Brihuega, colaborador de Alfonso X», en *Strenae*, págs. 145-161.

[13] § 172.

[14] *Speculum historiale*, libro IX, cap. I; cito por la ed. Dvacti, 1624, pág. 322a.

La literalidad de la traducción parece evidente, si se recorren con una mirada rápida ambos textos. Observaremos en seguida que los pormenores no lo confirman.

La primera frase del original latino aparece vertida con un sentido diametralmente opuesto. Mientras aquél informa de que la estatura del emperador fue casi la media, y de que, por tanto, se aproximaba a la normal sin serlo, el traductor asegura que *Este Nero era mesurado de cuerpo*, y lo confirma añadiendo, *ni muy grand ni muy pequenno*. Se hace forzoso pensar en que el manuscrito que le servía de modelo había omitido el adverbio. El hecho en sí carece, pues, de importancia. En el plano léxico, no se ha intentado adaptar s t a t u r a, cuya incorporación a nuestro idioma parece bastante posterior[15]; su noción se ha expresado con un adjetivo acompañado de un complemento nominal limitativo. Pero lo más interesante que este primer fragmento ofrece es la amplificación o dilatación, por lo cual una frase de sentido pleno se hace seguir de otra que repite su contenido; se trata de una expolición, del tipo «eamdem rem dicere, sed commutate».

No será preciso que nos extendamos sobre lo característicamente medieval de este procedimiento retórico, el más constante de la lengua literaria durante muchos siglos. En el breve fragmento que analizamos, habremos de encontrarlo más de una vez. ¿Deberemos interpretarlo como un deseo de verter hasta la última gota lo que dice su modelo? No parece solución plausible, por cuanto la «amplificatio» aparece en casi todas las obras medievales, sean traducciones o no lo sean. Hay que pensar en una forma mental expresiva *sui generis*, y, por supuesto, en deliberados efectos de ritmo, a los que en seguida aludiremos.

C o r p o r e m a c u l o s o e t f o e t i d o se traduce por *pero auielo todo lleno de manziellas et de mal olor;* Suetonio (el Belovacense transcribe aquí literalmente) va yuxtaponiendo los trazos de su retrato con una sintaxis sincopada, agilísima, mediante complementos en asíndeton. El «tempo» interno de esta prosa carente de nexos es sumamente veloz. La lengua castellana se encuentra aún —don Juan Manuel ensayará pronto nuevas andaduras— incapaz de seguir este galope, esta enumeración tan rápida, y el traductor busca la reposada marcha de las oraciones predicativas, con un *auie* repetido y monocorde; y las frases se van sucediendo con su debida distensión. El efecto, en comparación con su modelo, es de extremada lentitud.

La frase II se liga a la anterior con una adversativa inexistente en su original. La razón parece sencilla: el traductor ha sentido la necesidad de corregir en seguida, con notas desprestigiadoras,

---

[15] Corominas, s. v. *estar*, la documenta en Alonso de Palencia.

la cualidad normal –la estatura– que acaba de reconocer en Nerón. Faral señaló cómo la descripción o el retrato carecen, en la Edad Media, de objetividad; la función que se le asigna es esencialmente afectiva: o el elogio desmesurado o la censura despiadada[16]. Se establece, además, una correspondencia rigurosa entre las calidades del cuerpo y las del alma[17]. Geoffroi de Vinsauf esboza un programa concluyente: «Cum loquimur de aliqua persona proba uel mala [...] debemus de persona proposita talia proponere quae conuenienter attribuantur eidem personae»[18]. Nerón, el gran perseguidor de los cristianos, el vicioso desenfrenado, el destructor de Roma, caía por derecho propio del lado de acá de la disyuntiva. Algunas noticias positivas que de él nos proporciona Suetonio en su retrato –que gozaba de buena salud, por ejemplo, hasta el punto de que, a pesar de su vida desenfrenada, sólo estuvo enfermo tres veces en catorce años[19]– han sido previamente omitidas por Beauvais; la buena salud, que para Suetonio era compatible con el vicio, deja de serlo en esta época paradigmática y polar, que acumulará sobre Nerón las más pintorescas cualidades; se dirá, por ejemplo, que era bizco, zambo, herniado, calvo[20]... A nuestro traductor le acudió sólo a la pluma la conjunción correctiva.

Las restantes frases que integran el período van a sucederse en asíndeton (si bien interiormente equilibradas); al colaborador alfonsí le pareció, quizá, que era esta la estructura más próxima a la veloz sucesión de complementos que figura en su modelo.

En cuanto a los vocablos, hallamos traducido maculoso et foetido por lleno de manziellas et mal olor, con una fidelidad literal que, sin embargo, no oculta la aplicación de un procedimiento muy corriente del «ornatus» medieval: la «conuersio». Quizá el intérprete no tuviera más remedio que usarla, por no hallar un adjetivo equivalente a maculosus; para foetidus, en cambio, disponía de fediondo, ya empleado por Berceo. En cualquier caso, el hecho de que luego vuelva a insistir en recursos parecidos nos permite sospechar que su hábito retórico le conducía naturalmente a la «conuersio». Este recurso de la prosa latina podía aplicarse, dentro de las complejas prescripciones de la «uariatio», al traducir a otra lengua. Vinsauf explica así el procedimiento: «Sicut enim conuertimus uerbum in sustantiuum quod significat rem illam ad

---

[16] E. Faral, Les arts poétiques du XII et du XIII siècle, 1924, pág. 76.
[17] Cfr. María Rosa Lida, «Notas sobre el Libro de Buen Amor», en RFH, II (1922), página 122 y ss.
[18] Apud Faral, pág. 138.
[19] «...ualetudine prospera; nam qui luxuriae immoderatissime esset, ter omnino per quattuordecim annos languit atque ut neque uino neque consuetudine reliqua abstineret». (De uita caesarum, LI.)
[20] Cfr. E. R. Curtius, Literatura europea y Edad Media latina (trad. de M. Frenk Alatorre y A. Alatorre), II, Méjico, 1955, pág. 581.

quam pertinet uerbum, ita debemus conuertere adiectiuum in
sustantiuum quod pertinet ad rem illius adiectiui. Verbi gratia,
debemus conuertere hoc adiectiuum albus in hoc sustantiuum
albedo, hoc adiectiuum pulcher in hoc sustantiuum pulchritudo,
hoc adiectiuum facundus in hoc sustantiuum facundia et sic
de similibus» [21].

El fragmento III reúne con una copulativa los complementos
capillo sufflauo, uultu pulchro magis quam uenusto:
auie los cabellos castannos et la cara fremosa mas que de buen donario.
¿Por qué aparece la conjunción en la versión castellana? Releamos:

   I   *mesurado de cuerpo—ni muy grand ni muy pequenno;*
  II *lleno de manziellas—et de mal olor;*
 III *auie los cabellos castannos—et la cara fremosa;*

y, en el fragmento IV,

    no auie el uiso claro—ni ueye bien de los oios.

Esta estructura binaria, reposada y estable, se repite demasiado:
no podemos atribuirla a azar. Al traductor no le ha escapado,
con toda seguridad, la evidente intención rítmica del modelo y,
ante la imposibilidad de reproducir algo parecido en su lengua,
ha optado por establecer un ritmo que resultaba más familiar
a sus hábitos retóricos. Los miembros de la descripción no quedan
nunca sueltos, sino que aparecen en parejas o, como en el fragmento V, en agrupaciones ternarias. Las estructuras binarias se consiguen
unas veces mediante la unión de dos términos heterogéneos (III);
otras desarrollando la oportunidad que ofrece el original (II); y
si ambos recursos no son posibles, el traductor no duda en apelar
a la pura expolición, como ocurre en I y en IV. Dámaso Alonso
ha señalado cómo la bimembración es una constante de la prosa
áurea: «En la expresión literaria —dice— no todo es movimiento
que sale del pensar para ir a dar a la forma exterior, sino que antici-
paciones de esta llegan a moldear el pensamiento» [22]. Como advierte
con justeza, tal modalidad rítmica puede hallarse en la antigüedad,
en Italia, en otras literaturas; y no olvida el precedente «importan-
tísimo» de la prosa medieval española. En ella, la bimembración
obedece, sin duda, a un ideal retórico ampliamente extendido,
que, por otra parte, ha sido conformado por una predisposición
mental a la simetría, de carácter evidentemente primitivo, inmovi-
lista. Más tarde surgirán los intentos por romper tales estructuras:
«los tanteos de Mena, la bella prosa de la *Crónica de don Álvaro*

[21] *Documentum de modo et arte dictandi et uersificandi*, en Faral, *op. cit.*, págs. 306-307.
[22] Dámaso Alonso y Carlos Bousoño, *Seis calas en la expresión literaria española*, Madrid, Gredos, 1951, págs. 34-35.

de Luna, ya no reconocen como unidad el breve miembro repetido o contrapuesto, sino el vasto período de arquitectura compleja que despliega, sabiamente articulados, todos los matices de un pensamiento»[23]. Y aun antes, don Juan Manuel realizará un esfuerzo notabilísimo para salir de tales moldes, según intentaremos probar en breve. Sin embargo, como ya se ha dicho, estos gozarán de larga vida en nuestra prosa literaria, si bien es de suponer que transportados a una intención estilística nueva; valdría la pena comprobarlo.

El ideal expresivo del traductor alfonsí tendía indudablemente al estatismo retórico, cuyo más preclaro modelo era San Ildefonso. Y así, no se acerca a Suetonio, sino que es este quien queda reducido al nivel de su intérprete: aquella prosa vivaz se convierte en este balanceo de la *Crónica,* tan lento y mesurado, tan castellano.

El segundo miembro de III se ajusta fielmente al modelo, si bien con la conversión de *uenusto. De buen donario* era un sintagma fijado para referirse a prendas morales o físicas; y, a juzgar por los ejemplos aducidos por Corominas (II, 188), tendía a ir en serie rítmica, añadido a otro u otros adjetivos, como ocurre en estos casos: *Una bibda sancta de grant donario* (Berceo); *Doncella era muy entendida e muy sabia, e era de muy buen donario* (Gran Conquista de Ultramar); *Un físico que era bien andante e de buen donario* (Calila). La conversión cumple, pues, objetivos que exceden la simple fidelidad al modelo.

Refiriéndose a los ojos, Suetonio nos informa con otro complemento de la serie: oculis cesiis et hebetioribus 'de ojos glaucos y débiles'. Pero el traductor castellano entiende: [I] *no auie el uiso claro, ni ueye bien de los ojos,* lo cual es bien sorprendente. Se hace preciso suponer que no entendió el raro adjetivo caesius. Los dos complementos, pues, que, en el historiador latino, informan sobre cualidades distintas, fueron probablemente interpretados como un caso de «expolitio», es decir, como adjetivos sinónimos, lo cual se adecuaba exactamente a los hábitos expresivos del traductor; no sólo adoptó la presunta «expolitio», sino que la amplió y la enunció con dos oraciones verbales[24].

Otra nueva dificultad hallamos en el fragmento V, en donde el original ceruice obesa se vierte por la *ceruiz auie delgada.* No es posible un error de traducción. Caben tres soluciones para interpretar la anomalía: que no se entendiera el significado del adjetivo[25]; que el manuscrito que servía de modelo en la cámara

[23] María Rosa Lida, «Fray Antonio de Guevara», en *RFH,* VII (1945), pág. 383.
[24] El profesor Antonio Tovar me hace notar que, quizá, el traductor entendio caesiis como caesis, de *caedo.*
[25] También me señala mi ilustre colega el profesor Tovar que obesus pudo ser analizado etimológicamente como participio de *edo,* 'comer', 'roer'; E. Habel-F. Grobel, en su *Mittellateinisches Glossar,* s. v. *obesus,* ofrecen las aceptaciones 'abgenagt', 'angegessen'. El traductor pudo haber entendido pues, cervice obesa como 'cuello comido, sumido, delgado'.

regia estuviera ya alterado; o que la alteración se realizase allí mismo por prejuicios relacionados con el carácter de vituperio que tiene todo el retrato. De Claudio, que era *much apuesto*, nos dice la *Crónica* que *auie gorda la ceruiz*[26].

Por último, los tres complementos con que termina en Suetonio la descripción física del emperador se resuelven, oracionalmente, claro, con polisíndeton, si bien el zeugma del verbo compensa algún tanto la lentitud. Una estructura trimembre viene, pues, a establecer una variación rítmica al final de la breve serie de miembros emparejados.

Tras el retrato, el historiador añade algunas notas sobre la educación de Nerón, sobre sus gustos, y sobre ciertos rasgos de su carácter, inicialmente prometedores. Extenderemos un tanto nuestro análisis a tales pasajes, cuya traducción puede ofrecernos notas útiles.

El fragmento VI nos pone en contacto con otro carácter típico de la mente medieval: su extremidad polar, su carácter totalizador. Suetonio informa de que Nerón, liberales disciplinas omnes fere puer attigit. 'Casi todas' —y no sabemos cuántas eran todas en Roma, ya que su número era variable— se convierten, por decisión de nuestro traductor, en *todas las siet artes* fijadas durante la Edad Media. Es la suya una mente sin matices, conducida por una intención radical: la de mostrar en el personaje buenos principios que acabaron en un desastroso resultado. Quien sólo leyese esta frase y las que le siguen inmediatamente, deduciría que se trata de un elogio. La lítotes del modelo (habuit et pingendi fingendique non mediocre studium) se resuelve en otra afirmación extremosa, con el ya conocido recurso de la expolición: [I] *E fue de pintar muy maestro a marauilla et de fallar de nueuo muchas estrannas pinturas;* es obvia la incomprensión de fingere.

Mucho mayor interés ofrece el fragmento VII, correspondiente a un texto en que el Belovacense ha realizado una drástica reducción del original:

...attigit. Sed a Philosophia eum mater auertit monens imperaturo contrariam esse; a cognitione ueterum oratorum Seneca praeceptor, quo diu in admiratione sui detineret. Itaque ad Poeticam pronus... (Suetonio.)

...attigit; auersus a Philosophia, ad Poeticam pronus... (Beauvais.)

[26] § 167; ed. R. Menéndez Pidal, pág. 119, b, 41; sobre el cuello grueso como característico del hombre sanguíneo y buen vividor, véase M. R. Lida, *Notas*..., pág. 125.

La abreviación pudo deberse a múltiples causas; quizá, simplemente, a que Beauvais consideraba estas noticias como poco relevantes; pero quizá, también, a que en ellas se contenían informes poco edificantes sobre el «filocristiano» Séneca. El adaptador medieval ha suprimido todo el período adversativo encabezado por *sed;* es una noticia que Suetonio inscribe en un sistema de supuestos familiares para sus contemporáneos. Efectivamente, los romanos habían heredado de los griegos el escalonamiento del saber en dos fases: la educación general —lo que serán las artes liberales— y la Filosofía[27]. La situación en Roma nos es conocida exactamente por testimonio del propio preceptor de Nerón, en su epístola LXXXVIII, dedicada a la educación. El número de las artes distaba aún de ser fijo, y la Filosofía, por supuesto, no figuraba entre ellas. Séneca exige las artes como antesala para acceder al estudio filosófico, que es el saber por antonomasia, en cuanto ciencia del bien y del mal. Para Séneca, como con toda probabilidad para Suetonio, la Filosofía limita sus acepciones a una sola posibilidad: la moral. De ahí que, cuando este asegura que Nerón no pasó de las artes liberales a la instrucción filosófica, estampa una grave acusación contra Agripina, que, por haberle apartado de aquel saber, se hizo en gran medida responsable de la futura perversidad del emperador. Es muy probable que estas intenciones hayan escapado completamente a Beauvais; la indiferencia con que coordina las dos noticias (...attigit; auersus...) permite suponerlo. La función ética de la Filosofía había sido sustituida, en el ámbito ideológico cristiano, por normas positivas de fundamento religioso.

Pero quien no ha comprendido absolutamente nada de su ya reducido modelo es el adaptador alfonsí, que omite, a su vez, toda alusión a la Filosofía, y establece una extraña y significativa sucesión entre el abandono de las artes liberales —por estar enteramente aprendidas— y el entregarse Nerón al cultivo de la poesía: [VII] *et desque se partio daquel estudio fue muy sotil en assacar de suyo cosas nueuas.* Y, en seguida, otra no menos sorprendente conexión, que tampoco existe en Beauvais (auersus a Philosophia, ad Poeticam pronus, carmina libenter et sine labore composuit): [VIII] *assi que trobaua muy de grado, et fazielo sin tod affan.*

Si no nos engañamos, la concepción que late en este pasaje puede dar alguna luz sobre un problema clásico de la filología: el que plantean los orígenes y las acepciones de *trovar* y toda la serie de vocablos románicos equivalentes. Recuérdense los términos del problema, que se centra en las escasas posibilidades de que una palabra de uso restringido a la retórica, como *tropare,*

---

[27] Sobre esta cuestión, consúltese Curtius, *op. cit.,* I, pág. 63 y ss.

la cual significaba 'hablar, escribir con figuras o tropos', haya podido irradiar, a partir del provenzal, un significado tan amplio como 'hallar, encontrar', a grandes zonas del mundo románico. Schuchardt intentó obviar la dificultad haciendo partir la segunda acepción de una distinta base etimológica, turbare, 'enturbiar, envenenar el agua para pescar', de donde sería posible llegar al significado 'encontrar'. Frente a él, Gaston Paris y Antoine Thomas mantuvieron la relación de *trovar* con *tropare y tropus, señalando que el acceso de la acepción retórica a la lengua general pudo ser favorecido por la acción de los juglares; posteriormente, se habría producido su ensanchamiento semántico ('inventar tropos' > 'inventar, hallar'). Hoy, dicha relación está ampliamente aceptada, si bien sigue pareciendo inverosímil a ciertos lingüistas[28].

Pensamos que este texto de la *Crónica* puede contribuir a hacer más plausible el camino 'inventar tropos' > 'encontrar'. Y las claves que para ello ofrece, son, precisamente, *desque* y *assí que*. Nerón había aprendido de niño las siete artes; *et desque se partio daquel estudio, fue muy sotil en assacar de suyo cosas nueuas; assí que trobaua muy de grado*. El abandono de las disciplinas liberales y el sacar de sí cosas nuevas, esto es, el inventar, se presentan en el texto como acciones sucesivas; esta relación no figura en el modelo. ¿Qué sentido puede tener este categórico planteamiento de la sucesión o continuación que existe entre dejar el estudio de las artes y la invención *(assacar de suyo)?* Hallaremos, creo, la respuesta en la concepción medieval de la sabiduría. Las artes liberales conferían un saber ritual que terminaba con la asimilación de determinados e inalterables conocimientos. Frente a ellas, el sacar de sí «cosas» nuevas constituía una actividad de nueva estirpe. El interés del pasaje alfonsí reside en la contraposición entre dos actitudes posibles del espíritu: una receptiva —el estudio—, y productiva la otra: la invención. Y puesto que Nerón fue capaz de esta, se sigue una consecuencia: *assí que trobaua muy de grado*.

Existe, evidentemente, en el traductor alfonsí una forma mental que favorece, dentro de las posibilidades semánticas en pugna, la que postula el paso de 'componer tropos' a 'hallar'. La dificultad de la ampliación semántica que supone, se abrevia mucho pensando que el tropo no se reducía sólo al ámbito retórico, sino que se inscribía en un espacio más amplio: la música, cuando menos. En un mundo sapiencialmente inmóvil como es el medieval, la variación, el hallazgo estaban reservados a estrictas minorías, las únicas capaces de *tropare. Era esta una vía normal por la que, en Francia, Cataluña e Italia, podía ese verbo proseguir en una transformación semántica desde su significado originario de 'componer

---

[28] Véase la amplia exposición del problema que hace Corominas, *DELC*, s. v. *trovar*.

versos mediante figuras', pasando por 'componer toda clase de tropos', hasta 'inventar' y 'hallar'. La proximidad significativa entre *trovar* y *hallar de nuevo*, que parece fundamental para explicar el proceso, está garantizada por este pasaje de la *Crónica General*.

Esta pequeña cala que, en el estilo alfonsí, venimos realizando, debería extenderse en proporciones incompatibles con el espacio que nos hemos fijado. Pero, antes de poner punto final, creo conveniente llamar la atención sobre otros puntos de interés.

Suetonio, dando curiosas noticias sobre los felices comienzos del emperador, informa de que g r a u i o r a u e c t i g a l i a a b o l e u i t a u t m i n u i t[29], frase que se vierte así al castellano: *los grandes pechos de que se agrauiauan las tierras, todos los tollio et amenguo la mayor partida dellos*. El neutro g r a u i o r a u e c t i g a l i a se somete a amplificación, atribuible en principio a la necesidad de traducir el texto a una «situación» castellana. Pero fijémonos en que, de g r a u i o r a, ha salido *agrauiauan*; se trata de otra «conuersio»; el colaborador real, aun en trance de ampliar para hacerse comprender, no abandona su preocupación retórica. El fragmento es, sin embargo, más interesante en su segundo miembro, que posee una extraña alteración lógica, un sinsentido: *todos los tollio et amenguo la mayor partida dellos*. El orden en Suetonio es impecable: o abolió los impuestos o los disminuyó; su traductor no siente empacho, tras asegurar que los quitó todos, en afirmar que «amenguó» casi todos. Aludiremos en seguida a este significativo caso.

A continuación, narra Suetonio dos anécdotas, que copia así el Belovacense: C u m q u e d e s u p p l i c i o c u i u s d a m c a p i t e d a m n a t i u t e x m o r e s u b s c r i b e r e t a d m o n e r e t u r : Q u a m u e l l e m, i n q u i t, n e s c i r e l i t t e r a s. A g e n t i g r a t i a s S e n a t u i, r e s p o n d i t : C u m m e r u e r o. En la Crónica, leemos la siguiente interpretación: *Quando iudgauan alguno a muerte, yl dizien que escriuiesse el su nombre en la sentencia cuemo auien costumbre de fazer los otros emperadores, dizie: «Dios, quanto querría no saber letras ningunas.» E quando los senadores le dizien gracias por alguna cosa que les prometie, dizie el: «quando lo mereciere me las daredes»*. La traducción, como puede verse, está sumamente ampliada, y presenta rasgos que valdría la pena examinar; así, por ejemplo, la versión de C u m m e r u e r o por *quando lo mereciere, me las daredes*, que añade una apódosis para establecer el consabido equilibrio binario. Pero el fragmento interesa principalmente como testimonio de una mentalidad estable y tipificadora. En las anécdotas contadas por Suetonio, *inquit* y *respondit* aluden a una sola ocasión: una vez dijo Nerón Q u a m Q u e l l e m ..., y otra respondió C u m m e r u e r o.

---

[29] Así Beauvais; en Suetonio, a u t a b o l e u i t, a u t ...

Estos indefinidos se hacen imperfectos en la *Crónica*, con lo cual el índice significativo que poseen en la etopeya se desvanece por completo. En el historiador latino son muestras, indicios, de la sensibilidad del emperador por aquellos años de templanza. La anécdota, con todo lo que comporta de finura espiritual y delicadeza, tiene valor en la medida en que es única, en que se refiere a un trance concreto. Cuando el comentario o la respuesta se hace habitual —*dizie*—, se pierde su esencia y se convierte en rito o muletilla sin significación o con otra significación. Estamos ante un caso claro de acronía, de reducción a superficies continuas y vagas de lo que, en el modelo, son puntos y líneas bien definidos. La repetición, lo continuado, lo informe, son indicios evidentes de un radical cambio de mentalidad, de un salto entre planos de escasísima tangencia.

Es tan breve el fragmento y tan rápido el análisis a que lo hemos sometido, que resultaría desproporcionada toda conclusión con pretensiones de valor general. Limitándonos, pues, a los hechos observados, aparece clara una invencible —y esperable— dificultad comunicativa entre la traducción y su modelo, patente, por ejemplo, en la imposibilidad manifiesta de adaptar su ritmo, sustituido por una estructura predominantemente binaria de los períodos oracionales. El movimiento estilístico del original se sustituye por otro radicalmente distinto; para lograrlo, se apela a los recursos más típicos de la «expolitio». Pueden delatarse otros expedientes retóricos, como la «conuersio». Existen deformaciones o malas traducciones del texto latino, cuyo alcance es imposible determinar; en cualquier caso, algunos son indicios de una reducción de las connotaciones específicas del modelo, al nivel del «status» castellano. Como tal puede interpretarse igualmente el casticismo del léxico.

Hemos advertido también (*todos los tollio et amenguo la mayor partida dellos*) un significativo caso de hysteron-proteron, que no puede ser interpretado como un nuevo error, sino que admite una explicación muy semejante a la del uso de expoliciones tautológicas. No escatimar palabras puede servir para decirlo *todo*, pero también para decir las cosas con menos precisión. En nuestro texto hay sobreabundancia, exceso de palabras. Se trata, evidentemente, de una actitud mental ante la narración que no puede ser medida desde supuestos posteriores. En aquel extraño hipérbaton, así como en la mayor parte de las amplificaciones retóricas, la palabra sufre en su literalidad, en su función peculiar dentro de la economía del discurso. En vez de fundar una rigurosa relación contextual, de progreso lineal, contribuye a constituir un plano en el que se halla más suelta, menos rigurosamente vinculada al contexto; ese campo, definido por tensiones flojas, informa grosso modo y no con la precisión que resulta de la concatenación lineal de la frase; por ello, el escritor no ahorra palabras, no escatima refuerzos y reiteraciones, no se ciñe a las exigencias lógicas de la narración. En vez de una línea narrativa, crea un espacio más suelto y menos preciso. El lector de la frase *todos los tollio et amenguo la mayor partida dellos*, percibe una comunicación difusa, basada en dos notas centrales, *tollio-amenguo*, a las que vienen a superponerse armónicos de refuerzo: *todos—la mayor partida;* este ámbito domina sobre la compatibilidad informativa de las palabras. Hay una especie de «impresionismo» comunicativo, un claro predominio del cromatismo sobre el dibujo.

De antemano sabemos que este rasgo no caracteriza todo el estilo de aquella corte literaria [30]: al comienzo de este trabajo hemos hablado de las *prosas* alfonsíes. Pero no me parece desdeñable su observación, sobre todo porque da la medida del esfuerzo de otros pasajes en que se procede de otro modo, y confiere relieve excepcional al gran escritor que, posteriormente, planteó la batalla de un modo deliberado a estas formas de expresión; me refiero a don Juan Manuel.

[30] Véase un ejemplo de rigurosa precisión en Lapesa, *op. cit.*, págs. 169-170.

II

LOS SONETOS DE FRAY LUIS DE LEÓN

[*En el presente trabajo se comentan los cinco sonetos que se conservan de fray Luis de León. Como en él sólo se ofrece el texto del primero, creemos conveniente imprimir los otros cuatro, para que el lector pueda verificar las referencias que a ellos se hacen. Seguimos el texto establecido por Oreste Macrí.* La poesía de fray Luis de León, *Salamanca, Anaya, 1970.*]

II

Alargo enfermo el paso, y vuelvo, cuanto
alargo el paso, atrás el pensamiento;
no vuelvo, que antes siempre miro atento
la causa de mi gozo y de mi llanto.
5   Allí estoy firme y quedo, mas en tanto
llevado del contrario movimiento,
cual hace el extendido en el tormento,
padezco fiero mal, fiero quebranto.
    En partes, pues, diversas dividida
10   el alma, por huir tan cruda pena,
desea dar al suelo estos despojos.
    Gime, suspira y llora dividida,
y en medio del llorar sólo esto suena:
—¿Cuándo volveré, Nise, a ver tus ojos?

III

Agora con la aurora se levanta
mi Luz; agora coge en rico nudo
el hermoso cabello; agora el crudo
pecho ciñe con oro, y la garganta;
5   agora vuelta al cielo, pura y santa,
las manos y ojos bellos alza, y pudo

dolerse agora de mi mal agudo;
agora incomparable tañe y canta.
    Ansí digo y, del dulce error llevado,
presente ante mis ojos la imagino,
y lleno de humildad y amor la adoro;
    mas luego vuelve en sí el engañado
ánimo y, conociendo el desatino,
la rienda suelta largamente al lloro.

IV

¡Oh cortesía, oh dulce acogimiento,
oh celestial saber, oh gracia pura,
oh, de valor dotado y de dulzura,
pecho real, honesto pensamiento!
5   ¡Oh luces, del amor querido asiento,
oh boca, donde vive la hermosura,
oh habla suavísima, oh figura
angelical, oh mano, oh sabio acento!
    Quien tiene en solo vos atesorado
10   su gozo y vida alegre y su consuelo,
su bienaventurada y rica suerte,
    cuando de vos se viere desterrado,
¡ay!, ¿qué le quedará sino recelo,
y noche y amargor y llanto y muerte?

V

Después que no descubren su Lucero
mis ojos lagrimosos noche y día,
llevado del error, sin vela y guía,
navego por un mar amargo y fiero.
5   El deseo, la ausencia, el carnicero
recelo, y de la ciega fantasía
las olas más furiosas a porfía
me llegan al peligro postrimero.
    Aquí una voz me dice: cobre aliento,
10   señora, con la fe que me habéis dado
y en mil y mil maneras repetido.
    Mas: «¿Cuánto desto allá llevado ha el viento?»,
respondo; y a las olas entregado,
el puerto desespero, el hondo pido.

La existencia de cinco sonetos amorosos entre los poemas indiscutiblemente atribuibles a fray Luis de León, ha sido continuada ocasión de molestia entre sus estudiosos, cuando no de escándalo. Hubo quien llegó a motejarle de *sátiro*. La necesidad de justificarlos hizo que A. Coster, en 1919, los considerara como simples traducciones y, por tanto, como «oeuvres impersonelles»[1]. Olvidaba, quizá, que, entre ellos, hay uno, *Agora con la aurora se levanta*, colocado por Menéndez y Pelayo entre «las cosas más bellas y delicadas que hay en castellano»[2] y, como tal, introducido en el austero panteón de sus cien mejores poesías.

Por desgracia, los supuestos modelos no aparecían, y la crítica luisiana tuvo que hacer correcciones. Así, aun insistiendo en la idea de la traducción, el padre Zarco Cuevas asegura que fray Luis quiso probar la flexibilidad de nuestro idioma en el género amatorio (como si no estuviera ya suficientemente probada), y que esas obrillas no responden «a gustos y deleites paladeados, sin contar con que entonces el pensamiento se ostentaba más libre y, si se acepta la frase, menos hipócrita que ahora»[3]; motivo este último demasiado sugeridor para un espíritu cáustico.

La falta de modelos condujo a interpretar estos sonetos –no era nuevo: Menéndez y Pelayo lo había hecho ya– como imitaciones: «imitaciones directas del Petrarca» –sentencia el padre Llobera–, «aunque no es fácil empresa [?] el definir sus fuentes exactas entre los 317 sonetos y demás poesías del cantor de Laura»[4]; «imitaciones de algunos [poemas] de Bembo y de Petrarca», afirma el padre Félix García[5]; «de inspiración y tono marcadamente petrarquista», asevera el padre Vega[6]. Otros críticos, con evidente error, intentaron quitarles importancia: «El artificio resulta tan visible» –explica el padre Hornedo– «que se vislumbran ya los extravíos del pregongorismo de Seraphin d'Aquila y sus numerosos discípulos»[7]. Mas no han entrado por ese camino los críticos agustinos, dispuestos a salvar hasta estas aparentes migajas de su hermano en religión. Así, para el padre García, aunque tales poemas no traduzcan ninguna verdad sentida por el autor, acertó este a «interpretar en verso castellano la inspiración de otros poetas»[8]; y, en la misma línea, pero ebrio ya de entusiasmo, el padre Vega atribuye a estas poesías

[1] «Notes pour une édition des poésies de Luis de León», en *RH*, LXVI (1919). pág. 229.
[2] *Horacio en España*, VI, pág. 305. Bibliografía Hispano-Latina Clásica, Edición Nacional.
[3] *Religión y Cultura*, junio-julio (1928), pág. 608.
[4] *Obras poéticas de fray Luis de León*, II, Cuenca, 1933, pág. 508.
[5] «Obras completas castellanas de fray Luis de León», en BAC, 2.ª edición. Madrid, 1951, pág. 1484.
[6] *Poesías de fray Luis de León*, Saeta, Madrid, 1955, pág. 45.
[7] *Apud* Llobera, *op. cit.*, II. págs. 508-509.
[8] *Loc. cit.*

«una perfección superior a las mismas de Petrarca y poetas toscanos de su tiempo»[9]. La desazón no puede ser más patente.

Coster, en 1921, propuso una explicación, poco afortunada en verdad, para justificar algunos de estos sonetos, que, según él, consistirían en simples alegorías[10]: Nise, su destinataria, sería un trasunto poético de la Virgen María. La tesis era tranquilizadora, pero no ha podido abrirse camino: los padres García[11] y Vega[12] la rechazan de modo explícito. En la misma línea que Coster, aunque sin comprometerse en la definición del contenido alegórico, K. Vossler escribió acerca de los inquietantes sonetos: «El platonismo italianizante no puede ser puesto en duda aquí, y, sin embargo, la imitación debió ser sólo formal y externa, mientras el sentimiento que se esconde en el fondo de todos ellos es muy distinto. No es una mujer amada corporalmente la que es espiritualizada y sublimada en un plano supraterreno, sino más bien que el poeta da a su nostalgia de las altas esferas espirituales las formas galantes de un enamorado homenaje sin esperanza a la inasequible Nise. Una emoción suprasensible, aún imprecisa e incierta, le lleva a las ideas e imágenes del culto petrarquesco a Laura. El gran motivo religioso que inspira y domina la poesía de fray Luis en sus años de madurez artística, se anuncia aquí de una manera tímida y vergonzante, en formas estilísticas extrañas, a las que no puede adaptarse, y en las que el gran alma del poeta más bien parece encontrar un disfraz que una liberación»[13].

Esta explicación tiene el grave inconveniente de que enjuicia, a la vez, todos los sonetos, siendo así que, como veremos, hay entre ellos muy hondas diferencias de concepto e inspiración. Pero es válida y aguda la idea de que Nise es, en ellos, el símbolo temprano de una nostálgica apetencia de infinitud, más tarde resuelta de otro modo por fray Luis en los poemas de madurez. La penetrante interpretación de Vossler no parece haber tenido ninguna acogida, salvo por parte de Oreste Macrí[14].

La última referencia a estos sonetos que conocemos, son las siguientes palabras de Dámaso Alonso: «Son petrarquistas, sí, pero no tienen fuente próxima conocida. Dos de ellos, en especial, son bellísimos. Podrían plantearnos problemas desasosegantes. ¿Cómo se explica ese delicado sentimiento erótico en alma tan sincera y sinceramente vertida a Dios como la de fray Luis? ¿Acaso no hay que ver ahí más que un puro juego literario?[15]. Es gran lástima

---

[9] Loc. cit.
[10] «Fray Luis de León», en RH, LIII-LIV, 1921-1922.
[11] Op. cit., pág. 1486 n.
[12] Op. cit., pág. 567 n.
[13] Fray Luis de León, trad. de C. Clavería, col. Austral, 1946, pág. 139.
[14] Cfr. Fray Luis de León. Poesie. Sansoni, Florencia, 1950, pág. 220.
[15] Vida y poesía de fray Luis de León, Universidad de Madrid, 1955, pág. 16.

que el maestro no haya aplicado sus poderosas dotes analíticas a este misterio.

La cuestión continúa, pues, en pie. Los sonetos amorosos no encajan en la imagen casta, preocupada, dramática, que ofrece el autor de las odas. Instintivamente, nos resistimos a concederles la más mínima motivación biográfica. Por otro lado, no podemos interpretarlos como meras traducciones, ya que carecen de modelo conocido. La alternativa de que sean imitaciones no resuelve la incógnita de cuáles fueron los motivos que impulsaron a su autor a imitar. Por fin, la interpretación alegórica se encuentra privada, en muchas ocasiones, de vías para acceder a ella desde la realidad de los poemas. No parece haber clave para transitar por este laberinto; y, sin embargo, ha de existir. Comencemos por la tarea más simple: leer sin prejuicios el primer soneto. Convendrá tenerlo a la vista [16]:

Amor casi de un vuelo me ha encumbrado
adonde no llegó ni el pensamiento;
mas toda esta grandeza de contento
me turba, y entristece este cuidado:

que temo que no venga derrocado
al suelo por faltarme fundamento;
que lo que en breve sube en alto asiento,
suele desfallecer apresurado.

Mas luego me consuela y asegura
el ver que soy, señora ilustre [17], obra
de vuestra sola gracia, y en vos fío:

porque conservaréis vuestra hechura,
mis faltas supliréis con vuestra sobra,
y vuestro bien hará durable el mío.

Se ha fracasado, hasta ahora, según hemos dicho de todos los sonetos, en el intento de hallarle una fuente inmediata. Se pensó inicialmente en el CLXVIII de Petrarca, que empieza Amor mi manda aquel dolce pensiero [18]; pero tal aproximación fue rechazada, con toda justicia, por Vossler, que estableció, en cambio, su relación

---

[16] Cito por la edición de Macrí; sólo altero algunos signos ortográficos.

[17] El padre Vega, op. cit., pág. 567, puntúa: el ver que soy, señora, ilustre obra; y rechaza la lectura de Macrí, coincidente con Merino, Llobera y F. García, sin duda, resonaba en los oídos de fray Luis el famoso verso de Garcilaso ilustre y hermosísima María, que tantas huellas dejó en la poesía española de los siglos XVI y XVII; cfr. J. M. Alda Tesán, «Fortuna de un verso gracilasiano», en RFE, XXVII (1943), págs. 77-82.

[18] Cfr. Llobera, op. cit., II, pág. 510.

con el CCCII[19]. Oreste Macrí confirma y aprieta tal relación, diciendo del soneto luisiano que «è un'imitazione, piú interna che esterna»[20] del mismo. Dada la autoridad de ambos hispanistas, convendrá examinar, aunque sea someramente, esta presunta imitación; dice así el soneto de Petrarca:

> Levommi il mio penser in parte ov'era
> quella ch'io cerco e non ritrovo in terra;
> ivi, fra lor che 'l terzo cerchio serra,
> la rividi piú bella e meno altera.
>
> Per man mi prese e disse: «In questa spera
> sarai ancor meco, se 'l desir non erra:
> I' son con colei che ti die 'tanta guerra,
> e compiei mia giornata inanzi sera.
>
> Mio ben non cape in intelletto umano:
> te solo aspetto e, quel che tanto amasti
> e là giuso è rimaso, el mio bel velo.»
>
> Deh perché tacque et allargò la mano?
> Ch'al suon de' detti sí pietosi e casti
> poco mancò ch'io non rimasi in cielo.

En efecto, los primeros versos de ambos poemas comparten una parecida imagen ascensional: el poeta, llevado por el amor (fray Luis) o por el pensamiento (Petrarca) se elevan de la tierra... Y aquí termina toda la semejanza que podemos hallar. Incluso el principio motor de esa ascensión espiritual es distinto; el castellano ignora la función que, dentro del *Canzoniere*, desempeña el pensamiento, aquel *dolce pensero, / che secretario antico è fra noi due* (CLXVIII), es decir, entre Amor y poeta. El pensamiento conduce al toscano por los derroteros alegres o desalentados que aquel le dicta; el pensamiento de fray Luis no le impulsa tan lejos como su amor. Es este, sin tercería de potencia alguna, el que empuja al enamorado hacia el goce pleno de su propio estado.

Compartimos la hipótesis de Vossler y Macrí sólo en el sentido de que el primer verso petrarquesco pudo servir de estímulo inspirador del soneto luisiano. Y ello, porque se inscribía en un sentimiento de huida y de ascenso que atosiga al espíritu del fraile, aunque aún no ha adquirido el perfil nítido que alcanzará en los poemas de madurez. Impulso, por lo demás, que pudo haber aprendido en la Escritura o en los Santos Padres; a mano tenía a San

---

[19] *Op. cit.*, pág. 139, n. 95.
[20] *Op. cit.*, pág. 221.

Agustín: «Pondus meum amor meus; eo feror, quocumque feror. Dono tuo accendimur et sursum ferimur»[21].

A partir de aquí, las diferencias son tan obvias, no sólo en lo exterior sino en lo interior, que apenas vale la pena señalarlas. El pensamiento conduce al cantor de Laura hasta el círculo de Venus, donde la ve, ya muerta, más bella y menos altanera; quien tanto le hizo sufrir en vida, le tiende la mano y le promete esperarlo en aquel lugar, donde goza de una beatitud incomprensible para los mortales. Sólo dos cosas aguarda: a su cantor y el hermoso cuerpo que quedó en tierra. La visión se esfuma, y al poeta le invade la nostalgia. Fray Luis no añora ninguna amada viva o muerta; goza del amor, «real» y no soñado; en cuanto lo posee, sólo teme su perdimiento; pero este ni ha llegado ni llegará, porque confía en la amada. Nada más lejos de aquel soneto CCCII; nada más lejos, incluso, del ciclo *in vita* de Petrarca, en el que amante y amada viven en perpetua guerra, en que el poeta asciende a contemplaciones de amor, y cae a tierra derrotado, con lacerante alternación de fortuna: *e volo sopra 'l cielo a giaccio in terra* (CXXXIV).

Algo más próximo a nuestro soneto hallamos el CCCLXII, también *in morte*, no señalado hasta ahora; Petrarca vuela *con l'ali de'pensieri al cielo*, y contempla a Laura, que lo conduce hasta Dios; el poeta le pide humildemente que lo mantenga allí para ver por siempre *l'uno e l'altro volto*; pero Dios le niega este consuelo: deberá volver a la tierra, a esperar veinte o treinta años más: poco tiempo, medido desde la eternidad. Parecido leve también, que se extingue apenas el enamorado contempla a Laura y no su propio estado de amor, apenas se ve obligado a cesar en su gozo. Casi otro tanto podemos decir de otro soneto, nunca tenido en cuenta; es el famosísimo de Tansillo *Amor m'impenna l'ale e tanto in alto / le spiega l'animoso mio pensiero*..., que conoció un gran éxito en España[22]. Amor y pensamiento se juntan en el impulso ascensional —sólo el amor en fray Luis—; y, desde aquella altura, Tansillo teme la caída. Hay, evidentemente, una base de semejanza algo más amplia. Pero el italiano no ha logrado la plenitud del amor, y sabe que, como Ícaro, caerá y obtendrá la gloria del mundo, pues, para alcanzar el cielo, la vida le faltó, no la osadía. De nuevo nuestro poeta camina por otros derroteros. No hay más remedio que buscar por otra ruta; porque ese soneto no pertenece a la órbita petrarquista.

Posee, en efecto, dos motivos que en vano intentaríamos justificar desde el sistema poético de Petrarca: *a)* el enamorado teme perder su estado, no por el tópico vigente de la amada inestable o enemiga, sino por una razón o, mejor dicho, un principio de

---

[21] *Confessiones*, XIII, 10, 10.
[22] Joseph G. Fucilla, *Estudios sobre el petrarquismo en España*, C.S.I.C., Madrid, 1960, páginas 12-13, 24, 30, 113, 153-154 y 232.

orden moral: sabe *que lo que en breve sube en alto asiento, / suele desfallecer apresurado;* pero, *b)* se tranquiliza pensando que quien lo hizo tal cual es por el amor, no puede destruirlo. Ni esta tranquilidad ni su motivo pueden provenir de Petrarca o de Bembo —el otro gran lírico que se ha supuesto inspirador de fray Luis—, para quien Amor es

> *un cibo amaro e sostegno aspro e grave,*
> . . . .
> *un consumarsi dentro a parte a parte,*
> . . . .
> *la guerra spesse aver, le paci rare,*
> *la vittoria dubbiosa, il perder certo,*
> *la libertate a vil, le pregion care,*
> *l'entrar precipitoso e l'uscir erto* [23].

Insistimos: un mundo lejano, si se confronta con el sentir amoroso del agustino. Pero, de ser así, ¿de dónde este sentimiento? ¿Cómo ha podido sustraerse a lo que subyugó a Garcilaso, a Cetina, a Acuña, a Herrera?

La primera nota que hemos señalado como ajena al petrarquismo puede servirnos de orientación: que el bien aprisa logrado, aprisa se desvanece, es una máxima de dominio común, pero de origen bíblico. Se halla en los *Proverbios*, XIII, 11: «Substantia festinata minuetur: / quae autem paulatim colligitur manu, multiplicabitur.» En torno a este *a priori* moral, monta fray Luis el parvo drama de su soneto, cuyo desenlace halla justificación, precisamente, dentro de la concepción cristiana del amor.

Cuando fray Luis inicia su carrera de poeta, halla ante sí la gran encrucijada del quinientos: el camino tradicional —poesía popular, romancero y cancionero— y la vía alumbrada por Garcilaso. La lírica del cancionero y la nueva lírica poseen un magno tema común, el erótico, que, en esta última, se ha hecho casi exclusivo; y, *grosso modo*, una misma actitud ante la amada, la enemiga impiadosa a la que es imposible no adorar:

> *van de suerte*
> *que nunca salen de muerte*
> *o de perderse la vida,*

había escrito Castillejo [24], con sarcasmo aplicable por igual a los émulos de Garci Sánchez de Badajoz y a los garcilasistas, víctimas todos de «hondos amores penados». Y es que ambas corrientes

---

[23] *Rime*, XXXV.
[24] *Obras completas*, II, Clásicos Castellanos (1927), pág. 223.

comparten un mismo origen remoto[25], la *fin'amors* francesa, cuya motivación, resueltamente anticristiana, han puesto de relieve, entre otros, A. J. Denomy[26], y, últimamente, en un libro admirable, Moshé Lazar[27]. *Fin'amors* y *caritas* son antagónicas, escribe este último, porque la primera «est éphémère, subordonnée par l'intervention d'un tiers et la séparation forcée; ...parce qu'elle est toujours un manque, une souffrance absurde sans fin ni but, mais aussi parce que dans la *caritas* l'amour va de Dieu vers l'homme, alors que dans la *fin'amors* il n'est pas décent que la dame déclare son amour la première; enfin, parce que l'amour naît toujours chez l'amant d'abord».

El código trovadoresco sufrió importantes mutaciones, tanto en nuestra lírica de cancionero como en el «stilnovo», en Dante y en Petrarca, cuya descripción no es de este lugar; pero no tantas que impidan adivinar, más o menos difuminada o transformada, la *fin'amors* en su base. Y es esa tradición trovadoresca subyacente la que debe de haber ahuyentado a fray Luis, el cual parece no entender o no aceptar aquel modo de amor insatisfecho, inseguro, cuyo estímulo es la crueldad del ser amado, de correspondencia siempre dudosa, y que pone su objeto, de ordinario, en una mujer casada. Su yo profundo, firme en un esquema cristiano del amor, repudia o no comprende aquel otro, lejano resultado, en definitiva, de unos supuestos nada cristianos, hispanoárabes precisamente, como postula Lazar. Frente al amor como temor, ante el que la huida es la única e imposible escapatoria *(ché non si vence Amor, se non fuggendo*, escribía Bembo[28]), o como abismo al que voluntariamente se entrega el amante (poetas de cancionero, Garcilaso[29]), el agustino expresa en su soneto un amor calcado en la *caritas*, conforme a la palabra de San Juan: «Timor non est in charitate: sed perfecta charitas foras mittit timorem, quoniam timor poenam habet; qui autem timet, non est perfectus in charitate» (Epístola I, 4, 18); o conforme a su propio sentir de la esperanza: «Spes contraria timori est»[30]. Si, en el segundo cuarteto, fray Luis fundamentaba su temor en una austera admonición de los *Proverbios* —y no en el desdén de la amada—, en los tercetos lo desecha en nombre de una seguridad inherente a la *caritas*.

El ser el amado obra de la amada era un viejo tópico trovadoresco, que permanece en la varia descendencia de la escuela; pero

---

[25] Cfr. Rafael Lapesa, «Poesía de cancionero y poesía italianizante», en *Strenae* (homenaje a M. García Blanco), Salamanca, 1962, pág. 259.

[26] «Fin'Amors: the pure love of the trobadours, its amorality and possible source», en *Medieval Studies*, VII (1945), págs. 139-207.

[27] *Amour courtois et Fin'amors dans la littérature du XII siècle*, Klincksieck, París, 1964, página 82.

[28] *Rime*, LXVIII.

[29] Cfr. Rafael Lapesa, *La trayectoria poética de Garcilaso*, Madrid, 1948, pág. 18.

[30] *In Psalmum XXVI expositio*, *Opera*, Salamanca, I (1891), pág. 131.

sirve, de ordinario, para ponderar la crueldad de aquella, que no vacila en destrozar su propia creación:

> Las tus manos me hizieron
> y formaron amador,
> de su esperança y fauor
> en derredor me ciñeron:
> porque estaua ya dispuesto
> que yo viesse el claro gesto
> do esta todo el merescer,
> disteme tan alto ser,
> y ora, señora, tan presto
> quieresme dexar caer?

había escrito nuestro Garci Sánchez de Badajoz[31]. Fray Luis acoge el tópico y lo refracta en el prisma del amor cristiano, conforme a lo que él mismo nos explica en su *Exposición del Libro de Job*. Comentando el versículo «Tus manos me figuraron y me ficieron a la redonda, ¿desfacerme has?» (X, 8) —el mismo que, de modo tan profano, glosó Garci Sánchez–, explica: «Y aun dice [Job] ¿y desfacerme has?, como espantándose de cosas que tan mal se responden, como son hacer con diligencia y deshacer eso mismo sin causa, amar y desamar en un punto... Esta razón es de mucha fuerza, porque estriba en el querer de Dios, no mudable, y en la condición del verdadero amor, que es constante.» Al tratar del versículo 9, fray Luis se complace en recordar que el hombre es «obra de Dios..., hecho no como las demás, sino como otra ninguna, con atención y diligencia grandísima»; y, más adelante (versículo 13), proclama «que si [Dios], al parecer, le trata [a Job] como cosa aborrecida y no suya, en la verdad de su memoria está escrito que es suyo».

Es esta confianza, esta dialéctica del amor, el esqueleto del soneto luisiano. ¿Ocurrirá lo mismo con los restantes? Evidentemente no, porque estos sí que revelan una mayor adhesión al mundo mental de Petrarca. Ahora bien, y aunque nuestro objetivo no sea estudiarlos en detalle, debemos señalar que esa comprensión se limita a lo más tenue y superficial del petrarquismo. Los sonetos II, III y IV glosan el sentimiento de la ausencia, cuando el poeta no tiene a la amada ante los ojos. El soneto I *(Alargo enfermo el paso, y vuelvo, cuanto / alargo el paso, atrás el pensamiento)*, en que el poeta describe cómo, al separarse, el alma se le divide y queda con Nise, y va otra parte con él, recuerda el movimiento dramático del soneto XV del *Canzoniere* petrarquesco, *Io mi rivolgo in dietro a ciascum passo*, donde el amante llora la dilaceración del apartamiento:

---

[31] «Cancionero castellano del siglo xv», en *NBAE*, vol. II, pág. 626.

> ....*como posson queste membra*
> *da lo spirito lor viver lontane?*

El celebérrimo *Agora con la aurora se levanta*, evocación imaginativa de la amada, y desengaño y llanto del amador, cuando cae en la cuenta de que todo ha sido un engaño de su fantasía, tiene también parciales y abundantes reminiscencias del poeta de Arezzo, especialmente del soneto CCXCII, en el que, muerta Laura, evoca los ojos, los brazos, las manos, los pies, el rostro, las doradas trenzas, la angelical sonrisa que él tantas veces cantara, y ya no existen, por lo que su cítara queda *rivolta in pianto*.

Petrarquista es también el soneto IV, *Oh cortesía, oh dulce acogimiento*, en la evocación de las virtudes y belleza de la amada (*celestial saber, gracia pura, honesto pensamiento, habla suavísima, figura angelical*), en el temor a la ausencia y, de manera muy especial, en la estructura del poema, cuyos cuartetos diseñan, mediante un gran despliegue de vocativos exclamativos, todos aquellos primores. Son varios los sonetos del *Canzoniere* que adoptan esta disposición; así, el CXLVI, *O d'ardente vertute ornata e calda*; o el CCLIII, *O dolci sguardi, o parolette accorte*, en el que una estructura semejante sirve para lamentar, precisamente, la separación a que se ve forzado el poeta.

Son muy distintos estos tres sonetos del primero, por la índole petrarquista que este no comparte. Pero caigamos en la cuenta de que su castísimo tema común —angustia y llanto del enamorado cuando se separa de la amada, cuando no la tiene presente o cuando teme apartarse de ella—, de remoto abolengo clásico y medieval, y de próxima tradición toscana, es típico pero moderado, y constituye un conflicto fácilmente comprensible dentro de los esquemas del amor cristiano: el dolor del apartamiento de Dios, la nostalgia de su gloria imaginada o entrevista desde este valle, y el deseo de alcanzar y no perder la unión mística, son variantes de dicho tema que fray Luis desarrollará en odas inolvidables.

En los tres sonetos, parece que ha llevado más lejos su esfuerzo para asimilar la moda lírica ambiente; es muy posible que sea una falsa impresión, si se tiene en cuenta que ninguno de los tres contrae cualquier tipo de compromiso doctrinal, y que se limitan a dar cauce a un sentimiento universal, antiguo y moderno, común a las dos vertientes del amor.

Todavía trató una vez más el tema del apartamiento, en el soneto V, *Después que no descubren su lucero*, el más vibrante y apasionado de todos, y también el más sorprendente. Porque ahora, el poeta, desesperado por la ausencia, habla de *deseo*, del *mar amargo y fiero* por que navega *sin vela y guía*, y también de un *carnicero recelo*. ¿Cuál es este? Nada menos que la falta de confianza en la amada:

164

> *Aquí mi voz me dice: cobre aliento,*
> *señora, con la fe que me habéis dado*
> *y en mil y mil maneras repetido.*
>
> *Mas: «¿Cuánto desto allá llevado ha el viento?»,*
> *respondo; y a las olas entregado,*
> *el puerto desespero, el hondo pido.*

Tan dramática conclusión resulta ser la antítesis, la exacta negación de la que obtuvimos a partir de *Amor casi de un vuelo...* Los elementos petrarquistas son más decididos también que en los otros tres. El cantor de Laura, ante los desdenes de esta, se siente zozobrar como una nave, *per aspro mare*, desarbolado, tal *ch'i 'ncomincio a disperar del porto* (CLXXXXIX).

Nótese, incluso, la coincidencia verbal de este verso con el último de fray Luis; sólo que este llega más lejos, al desear la muerte con una impavidez que parece aprendida en Garcilaso o en los cuatrocentistas españoles. No, no cuadra este soneto con los anteriores. Ocurre, quizá, que el poeta, descontento de su timidez, se ha rendido, por fin, con todas las consecuencias, a la retórica del amor, Sorprende, además, que el poema más audaz sea, precisamente, el último de una ordenación tradicional, mantenida desde Quevedo por todos los editores. ¿Será esta fortuita, o responderá, por Dios sabe qué azar, a una verdad cronológica?

* * *

Petrarquismo, efectivamente, pero también cristianismo, constituyen las coordenadas en que se inscriben estos sonetos. Pero queda siempre oscuro el problema de su motivación: ¿cómo y por qué los escribió su autor? Y, a esta pregunta, sólo podemos responder —contante pesadumbre de la crítica— con hipótesis. Ante todo, no creemos en estímulos biográficos: hay algo en el lector honrado de fray Luis que pugna contra una interpretación tan directa y banal. El agustino escribió, en la plenitud de su varonía, estas palabras que no merecen ser acogidas con reserva: «Ninguna cosa... me puede ser menos pesada que decir algo que pertenezca al loor de mi única Abogada y Señora [la Virgen]; que aunque lo es generalmente de todos, mas atrévome yo a llamarla *mía* en particular, porque desde mi niñez me ofrecí todo a su amparo»[32]. Esta es, sin duda, la «señora ilustre» a quien sólo rindió culto fray Luis; y conste que, al afirmar esto, no incidimos en la absurda interpretación alegórica de los sonetos.

La única clave satisfactoria para entenderlos es pensar en una motivación literaria. Efectivamente, al joven fraile de veintitantos,

---

[32] *Los nombres de Cristo*, I, 1; BAC, pág. 418.

de treinta y tantos años, le interesa, le atrae aquel fenómeno humano
del que los admirados poetas escriben placenteras inquietudes y
gozosos deliquios. ¿Dónde entenderlo mejor que en el libro de los
libros, en la permanente fuente de su sabiduría? Hacia 1561, traduce
y glosa el *Cantar de los Cantares;* su comentario es más de poeta
y filólogo que de teólogo; con deliberación, según él mismo explica,
se desentiende de todo simbolismo religioso, para ocuparse sólo
del sentido literal, «como si en este libro no hubiera otro mayor
secreto del que muestran aquellas palabras desnudas y, al parescer,
dichas y respondidas entre Salomón y su Esposa»[33]. Tamaña
audacia iba a costarle cara; pero revela perfectamente aquella curiosidad y —¿por qué no?— aquel desasosiego ante el magno sentimiento que mueve a los hombres y alcanza en la Escritura tan
encendida expresión. A fray Luis le atrae el sentimiento mismo,
no una amada concreta; y escudriña y analiza el modelo sacro por
su humana vertiente. Más aún, cree en el amor y en sus efectos,
y defiende a los poetas agobiados por él, contra la acusación de
devaneo y disparate; oportunamente, recuerda la sentencia de Ausias
March:

> *No vea mis escritos quien no es triste,*
> *o quien no ha estado triste en tiempo alguno*[34].

Pienso que, a esta época y a este estado de ánimo, es preciso
referir la composición de los cinco sonetos. Una poesía monocorde-
mente erótica rodea al joven escritor; y hay, además, aquel nuevo
instrumento, el soneto, reservado, al parecer, para amadores.
Fray Luis, que va aún a ciegas y se siente poeta, desea ensayar
la bella invención, probar allí sus fuerzas. Quizá no son estos los
únicos sonetos amorosos que escribió. Tantea; se acerca al *Cantar
de los Cantares*, pero es vía cerrada a su pudor, ya que no a su comprensión; choca con la concepción petrarquista y vacila: la esquiva
en el soneto I, y adopta rasgos poco comprometidos en otros tres;
por fin, insatisfecho, quizá, con los resultados, y desechando cualquier
temor, canta en el último con tonos extremados.

No son homogéneos los cinco sonetos. Parecen ensayos titu-
beantes aunque muy bellos, afrontados desde actitudes diversas
y hasta contrarias. Ni simples juegos, ni sentimientos vividos,
sino experiencias artísticas, esfuerzo para probarse, dentro de una
breve gama de tonos, que va desde la resistencia, desde un querer
y no querer someterse a las reglas, hasta un querer pleno. Ocultan
quizá estos poemillas un pequeño drama íntimo del fraile que anhela
ser poeta, y encuentra en sus hábitos talares y mentales un grave

---

[33] Prólogo a la «Exposición del Cantar de los Cantares», en BAC, pág. 63.
[34] *Ibíd.*, pág. 95.

166

freno. Drama artístico que está por estudiar, y que permitiría comprender la obra lírica de fray Luis como un colosal esfuerzo de originalidad, afirmado contra el petrarquismo ambiente.

En el caso concreto de estas cinco poesías, asistimos, evidentemente, a un episodio pasajero pero interesantísimo de la historia del artista en busca de sí mismo. «Las escrituras que por los siglos duran —afirmó—, nunca las dicta la boca; del alma salen, adonde por muchos años las compone y examina la verdad y el cuidado»[35]. Aquellos sonetos, por muchos que sean sus encantos, estaban dictados por la boca, sin el examen del alma. Y el amor humano se borra pronto de su obra, a medida que otras preocupaciones se implantaban en su espíritu: «quanto augetur spes videndae illius qua vehementer aestuo pulchritudinis, tanto ad illam totus amor voluptas convertitur»[36], podía decir con su maestro San Agustín. Y la misma poesía erótica, que había defendido diez o quince años antes, se le hace aborrecible: quienes la cultivan —piensa desde la altura de *Los nombres de Cristo*— debían ser castigados como corruptores de la poesía y de las costumbres; la poesía, dice con severidad, es sólo un motor que conduce a Dios, y cuantos la pervierten con temas de amor humano, «corrompen esta santidad»[37]. ¡Qué lejos está ya su espíritu, con el padecer verdadero de la cárcel, con las angustias del desterrado del cielo, de aquella transitoria y grácil curiosidad de juventud!

Y pasajera fue también la tentación del soneto: él no cabía entre sus catorce barrotes áureos. El día en que encuentre sus caminos verdaderos —la oda en liras, cauce más amplio para su noble retórica, y el dolor de su peregrinación hacia el Sábado Perpetuo, como tema—, habrá nacido el fray Luis que tiene un lugar en nuestro corazón.

---

[35] *Exposición del libro de Job*, VIII, 10; BAC, pág. 919.
[36] *Soliloquia*, I, X.
[37] BAC, pág. 469.

III

UN SONETO DE QUEVEDO

A nadie puede extrañar la vehemencia con que una parte considerable de la joven poesía española se ha acogido —estudiándola, siguiendo sus huellas— a la lírica de Quevedo. Si una afición a los primores formales promovió, antes de 1936, el culto a Góngora y, en la posguerra, a Garcilaso, una exigencia de hondura, de radicalidad en las pasiones, conduce hoy, como a norte seguro, hacia el autor de los *Sueños*. Su poesía, apesadumbrada hasta hace poco bajo la gloria del satírico, del pensador político, del prosista inimitable, ha sido rescatada y puesta en línea con la más alta de nuestra historia literaria. Un gran poeta y crítico excepcional, mi maestro Dámaso Alonso, ha dicho de uno de los sonetos quevedescos, justamente del que me propongo comentar, que es, quizá, «el mejor de la literatura española». Hora es ya de que a esta copiosa lírica, la más desgraciada de nuestro Parnaso en punto a transmisión, se le rinda el debido tributo crítico. Con una modesta intención oferente, vamos a acercarnos al gran soneto, titulado en las ediciones antiguas *Amor constante más allá de la muerte*:

> *Cerrar podrá mis ojos la postrera*
> *sombra que me llevare el blanco día,*
> *y podrá desatar esta alma mía*
> *hora a su afán ansioso lisonjera;*
>
> *mas no de esotra parte en la ribera*
> *dejará la memoria en donde ardía;*
> *nadar sabe mi llama la agua fría*
> *y perder el respeto a ley severa.*
>
> *Alma que a todo un dios prisión ha sido;*
> *venas que humor a tanto fuego han dado,*
> *medulas que han gloriosamente ardido,*

> *su cuerpo dejará, no su cuidado;*
> *serán ceniza, mas tendrán sentido,*
> *polvo serán, mas polvo enamorado.*

Si un poema se presta a verificar el principio estilístico fundamental de la obra de arte, a saber, el de su compacta unidad estructural, es este. Justamente, la consideración de ese principio y la sumisión a sus exigencias, ha sido lo que ha determinado el nacimiento de la crítica moderna y la anulación de la tradicional dicotomía de fondo y forma. Estos supuestos componentes de la obra artística se imbrican tan íntimamente como en la hoja se funden haz y envés, por cuanto son el resultado de un acto único de creación. Hay siempre un impulso, una intención, un alma, que se derrama por todo el poema como por una tupida red arterial, y están presentes, por igual, en una rima o en una metáfora, en un sintagma o en un epíteto. Todos los actos de elección —crear es elegir, o rehusar, como afirmaba Valéry— están condicionados por el alma que infunde vida al poema; la crítica, en sus más delicadas operaciones, tiene como misión última reconocerla y comprobar sus latidos en todos los miembros de la obra estudiada.

¿Qué impulso, qué intención ha sido el motor de este prodigioso soneto? Sin duda, una violenta obstinación, una magna rebeldía del poeta, que se resiste a entregarlo todo a la muerte. Hay algo, piensa, inmortal en él, que no es el cuerpo ni siquiera el espíritu, sino el amor, que habrá de sobrevivirle. A todo el soneto, escrito desde esa tensión, ha llegado la hiperbólica terquedad de Quevedo, como un colorante homogéneamente esparcido. Está ya en el admirable arranque, organizado mediante una estructura sintáctica concesiva:

> *Cerrar podrá mis ojos la postrera*
> *sombra que me llevare el blanco día,*

Nuestras gramáticas no recogen este esquema en sus inventarios oracionales, a pesar de su frecuencia y de su poder expresivo. El infinitivo y el futuro así unidos, exponen una dificultad venidera para que algo se cumpla; y, a la vez, manifiestan que este algo se cumplirá con vencimiento del obstáculo. La voluntad quevedesca de vencer a la muerte no podía hallar una expresión más justa. Pero hay algo más en esta estructura gramatical que llama nuestra atención: el carácter hipotético de los futuros *podrá* y *llevare*. ¿Sobre qué recae, en efecto, esta hipótesis? Nada menos que sobre la más implacable verdad del mundo, la de la muerte. La eficacia estilística de ambos futuros se hace patente cuando advertimos el diferente curso que estos versos hubieran tomado de organizarse asertivamente *(cerrará mis ojos la postrera sombra que me llevará el blanco día, y desatará esta alma mía...)*. El dramatismo emanaría, sólo, de la verdad anunciada. Pero, en lugar de proceder de este modo, Quevedo ha saltado violentamente sobre la lógica, sobre toda prudencia racional, y nos ha brindado el trágico espectáculo de su inconsciencia. La muerte no le merece ahora consideración, absorto como está en salvar su amor.

El ímpetu de lucha que corre por todo el poema se vale de dos recursos homólogos para plasmarse: la antítesis y el contraste. La primera opera por oposición de términos contrarios *(postrera sombra-blanco día);* el segundo, por enfrentamiento o yuxtaposición de ideas opuestas. En el primer cuarteto, los dos primeros versos se oponen a los otros en la relación cuerpo-alma: *cerrar podrá mis ojos-podrá desatar esta alma mía.* No se me oculta que estos procedimientos son triviales en todo el arte barroco; pero no me parece menos claro que, en este texto, funcionan al servicio del impulso medular que lo mueve. Fijémonos aún en la organización cruzada de los verbos que encabezan ambas semiestrofas: *cerrar podrá-podrá desatar.*

El cuarteto acaba apoyado en un tópico de la lírica amorosa: el de la muerte anhelada como liberadora por el amante. Un lugar común trovadoresco, que fue traducido a lo divino, y que llega a este siglo XVII casi exangüe y necesitado de estas admirables hipérboles con que Quevedo lo carga en todas sus palabras:

> *hora a su afán ansioso lisonjera.*

La impresión que, de arrancada, nos había comunicado el soneto, se confirma: el poeta no teme la muerte que, gentil con su deseo, cerrará sus ojos y romperá los vínculos del cuerpo y del alma. Ahora bien, ¿podrá librarle de su insufrible, pero frenéticamente amada pasión? He aquí la respuesta:

> *mas no de esotra parte en la ribera*
> *dejará la memoria en donde ardía.*

Son dos versos de lógica intrincada; en bloque, el poeta nos ha expresado su pensar, pero la estructura gramatical se resiste al análisis. No descartamos la posibilidad de que el texto esté viciado, mas, a falta de certidumbre, bueno será que operemos con los datos presentes. ¿Cuál es el sujeto de *dejará?* Evidentemente la *hora* última, la muerte: «La muerte —nos dice Quevedo— no dejará la memoria en la otra orilla.» Pero, ¿quién *ardía* en la memoria? Seguramente, el alma. La muerte no dejará, pues, en la opuesta ribera, la memoria de la amada, en la cual el alma ardía enamorada. Esta llegará a la orilla de la muerte sin una de sus facultades, la del recuerdo en que habita el amor, capaz de regresar:

> *nadar sabe mi llama el agua fría*
> *y perder el respeto a ley severa.*

170

Los tópicos se han ido acumulando en este cuarteto: el amor como ardimiento, el alma enamorada como llama, la muerte como un viaje a través de aguas letales... Y los elementos expresivos apenas si tienen vigor: adjetivaciones irrelevantes *(agua fría-ley severa)*, oscuridad gramatical, archisabidas antítesis *(llama-agua)*. A lo sumo, el giro *perder el respeto* logra sacudirnos, por una razón pareja a la que hacía chocantes los futuros del cuarteto anterior; ese *perder el respeto*, que orienta nuestro sentido lingüístico hacia zonas expresivas coloquiales, despreocupadas, se refiere nada menos que a la ley inexorable de la muerte.

A pesar de todo esto, no es posible negar el valor funcional de este segundo cuarteto en el seno del poema, y ello porque sus débiles partes están todas impregnadas de la sangre que envía el corazón del poeta. Ocurre lo mismo en el primer cuarteto. Ahora bien, ¿pueden justificar estos ocho versos el ditirambo de Dámaso Alonso? Quizá no; y, sin embargo, nuestro primer crítico ha opinado con justicia; porque ahí están, para cargarlo de razón, estos versos finales, los más estremecedores versos de la poesía de España:

> *Alma que a todo un dios prisión ha sido,*
> *venas que humor a tanto fuego han dado,*
> *medulas que han gloriosamente ardido,*
>
> *su cuerpo dejará, no su cuidado,*
> *serán ceniza, mas tendrán sentido,*
> *polvo serán, mas polvo enamorado.*

Antes de dedicarles nuestra atención, será conveniente que nos propongamos, con brevedad, un problema de alcance mayor. Es este: ¿cómo podemos justificar el tremendo salto de calidad poética que se produce entre los cuartetos y los tercetos? ¿Cómo explicar esa violenta tensión que, de pronto, sume nuestro espíritu en el reino de lo genial? El problema tentó a Amado Alonso, que así escribe: «¡Qué pálidos resultan esos cuartetos y qué débiles poéticamente comparados con los tercetos! Apenas son más que la excelente presentación mitológico-académica, hecha por un gran poeta, del pensamiento *non omnis moriar* aplicado al amor. Todavía el sentimiento no ha dado con el perfil de líneas ejemplares que anda buscando. Pero dos imágenes tradicionales, la del fuego del amor *(ardía)* y la mitológica de la laguna Estigia que tienen los muertos que atravesar, al ser vivificadas con fuerza imaginativa, son como la espoleta que aguardaba el explosivo. Como un rayo, ahonda el poeta ahora en la intuición intermediaria de la perduración más allá de la muerte, y a través de ella llega a la del sentido que le sirve de base: la exaltada plenitud de la vida en el amor.»

Por estas palabras últimas vemos en cuánto nuestra interpretación difiere de la del gran maestro; porque, para nosotros, el sentido básico del soneto no es «la exaltada plenitud de la vida en el amor», sino la obstinación, la negativa patética y violenta de aquella alma a morir del todo. Y no sabemos si ese progreso lógico y gradual que describe Amado Alonso, ese ponerse en marcha la rueda de la emoción en los cuartetos, hasta alcanzar vertiginosa celeridad a partir del noveno verso, cuadra bien con los oscuros procesos de la creación poética. Es difícil concebir el nacimiento de este soneto como un deslizarse de aguas por un llano, hasta encontrar, de improviso, una garganta que les permite saltar enardecidas. Antes bien, nos explicamos el movimiento exactamente al revés: la catarata —esos tercetos prodigiosos— es anterior a las casi dormidas aguas del llano. En otras palabras, la intuición primaria y fulminante no es otra que la resumida en ese verso incomparable: *polvo serán, mas polvo enamorado;* es decir, la resistencia del alma y de los canalillos por los que, enfebrecidamente, corre la pasión —venas y medulas— a morir. Es esta, pensamos, la intuición inicial y ordenadora: la de que algo mortal no morirá.

Nuestra opinión puede apoyarse en el hecho de que otros poemas de Quevedo plasman esta misma patética obsesión, esta resistencia suya a que su cuerpo quede allí, montón de polvo y ceniza, inerte mineral, cuando el alma lo abandone. Hela aquí, en dos cuartetos geniales:

> *No me aflige morir, no he rehusado*
> *acabar de morir, ni he pretendido*
> *halagar esta muerte, que ha nacido*
> *a un tiempo con la vida y el cuidado.*
>
> *Siento haber de dejar deshabitado*
> *cuerpo que amante espíritu ha ceñido,*
> *desierto un corazón siempre encendido,*
> *donde todo el amor reinó hospedado.*

O en este terceto, no menos pasmoso:

> *Del vientre a la prisión vine en naciendo;*
> *de la prisión iré al sepulcro amando,*
> *y siempre en el sepulcro estaré ardiendo.*

Son, como vemos, modulaciones de la intuición nuclear de nuestro soneto: la de que algo en el cuerpo queda viviendo cuando el alma lo abandona. Esta es, pensamos, la célula original del poema que comentamos, la campana retumbadora a la que los cuartetos sirven sólo de melena sobreañadida. De ahí su diferente densidad: apretado y penetrante el final; correctamente bello el principio. El hiato que se abre entre los cuartetos y los tercetos es, en la lectura, garganta de precipitamiento. Pero fue quizá, en la creación, penosa escalada.

Y he aquí, en primer lugar, los tres sujetos oracionales, potenciados, exaltados los tres por idénticos recursos sintácticos:

> *Alma, que a todo un dios prisión ha sido,*
> *venas, que humor a tanto fuego han dado,*
> *medulas, que han gloriosamente ardido.*

Tres construcciones paralelas, gramaticalmente —con las tres oraciones adjetivas— y rítmicamente —con los sustantivos en cabeza, con acento en sexta—, que van determinando un clima ascendente, una tensión emotiva; cada verso es una vuelta más dada al torno de la emoción. Porque la gradación climática lleva, si bien nos fijamos, hacia una más recóndita interioridad física, hacia las últimas criptas del placer o el dolor. Hay, en primer lugar, el *alma*, término poco expresivo por su tópico empleo en la poesía erótica, bien que genialmente magnificada por su complemento oracional. Del espíritu, pasa la evocación del poeta a la sangre, a las *venas* que *ahondan* en la carne; y, en este dramático buceo por su cuerpo, Quevedo llega a las *medulas*, a esas finas sustancias —nuestras más nuestras sustancias— que corren por las cañas de los huesos. Y él las evoca gloriosamente incendiadas de amor.

Y ahora, la necesaria distensión:

> *su cuerpo dejará, no su cuidado,*
> *serán ceniza, mas tendrán sentido,*
> *polvo serán, mas polvo enamorado.*

Peligroso momento el de la distensión, cuando el arco ha sido forzado al límite de curvatura. Un contrapeso de igual potencia ha de oponérsele en la fase de descarga. Quevedo ha obrado con pericia genial. Los tres versos anteriores han llegado, en efecto, como olas sucesivas, de preñez creciente y aupada: gramaticalmente, tres sujetos en demanda de predicado; emotivamente, tres apelaciones a los más encarnizados motores de la pasión. Y ahora la distensión sintáctica se alarga con cuatro futuros, plenos de segura determinación; y la emoción se extiende reiterada, como la lengua de agua que se arrastra, en esfuerzo último, por la playa, cuando la ola ha estallado. Son tres nuevas fases en la descarga, en el esfuerzo: el alma, las venas, las medulas —dejarán su cuerpo, serán ceniza, serán polvo.

Una simetría queda así dibujada entre ambos tercetos. Y ahora caemos en la cuenta de que estos seis versos finales poseen una clara estructura simétrica; tres sujetos / tres predicados; dentro de los sujetos, tres sustantivos / tres oraciones adjetivas; y, dentro de los predicados, tres oraciones asertivas / tres oraciones adversativas. Un tosco esquema podría representar este complejo juego geométrico, tomando A B como eje:

¿Qué valor podemos atribuir a esta estructura? Por de pronto, uno de significado general: la confirmación de que el artista barroco tiene muy mediatizados los límites de su anarquía. Y otro, específico de este soneto, el único que nos importa: Quevedo ha hecho correr su violenta decisión por bien estrictos canales. Toda una tormenta de afirmaciones rebeldes circula por estas venillas tan orgánicamente dispuestas. Y el efecto funcional de esta disposición es bien patente: las estructuras simétricas, hechas para recibir una materia reposada y enfriada por cierto laboreo intelectual, se ven de pronto henchidas, plenas de un licor hirviente que las recorre forzado entre sus ángulos y líneas. Es un poder sordo, constreñido, el que percibimos en estos tercetos; de ahí el efecto estremecedor que en nosotros produce esa furia domada, forzada a expresarse con contención, con serenidad casi.

Pero acerquémonos a comprobar la naturaleza de esa materia tan férreamente contenida. Su calidad comienza a percibirse en el noveno verso, del que poseemos dos versiones:

> Alma a quien todo un dios prisión ha sido
> Alma que a todo un dios prisión ha sido

La lectura no es indistinta, pero sus efectos no divergen mucho. La primera versión (alma prisionera de un dios) nos remonta a un tópico amoroso de larga tradición literaria: el de Eros esclavizador de todo espíritu amante. La segunda (un dios prisionero del alma) remite, en cambio, a formas de expresión religiosa:

> (Anoche cuando dormía
> soñé, ¡bendita ilusión!,
> que era Dios lo que tenía
> dentro de mi corazón.)

¿Cuál es la versión auténtica? No sabríamos pronunciarnos sin datos hermenéuticos previos. Pero observemos que cualquiera de las lecturas que adoptemos puede incluir, junto a su significado inmediato, el otro, como connotación secundaria, ya que ambas significaciones no se excluyen. El propio Quevedo imaginaba tam-

174

bién al dios Amor como prisionero y huésped del alma, a lo que se refiere en este verso, ya citado:

donde todo el amor reinó hospedado.

Es precisamente este verso el que nos ha hecho preferir la lectura

Alma que a todo un dios prisión ha sido.

Pero cualquiera que sea la solución adoptada, la pregunta surge inquietante: ¿es sólo mitológica la alusión de este verso? La referencia, ¿apunta al dios Amor nada más, o incluye, equívocamente, al Dios del cielo? Quizá no anduviéramos errados al sospechar esto último; corroborarían nuestra suposición, inmediatamente, las inequívocas alusiones de orden religioso que se producen en los versos siguientes; y, de modo más remoto, la afición tan barroca de Quevedo a mezclar cielo y tierra en sus bromas y en sus pesares.

La hipérbole es entonces magna, en su segundo significado: aquella alma que estuvo en gracia, que albergó en sus pliegues delicados a Dios mismo, se dispone a salvar, por encima de todo, nadando contra corriente... su amor a una criatura. Tan gigantesca que, tras ella, palidece la interpretación primera, según la cual el alma, por haber sido prisión de Eros, no puede morir.

El *gloriosamente* del verso once cabalga de nuevo sobre ambos planos, mitología-religión. Pero la actitud semiblasfematoria se desvela en el terceto último. Esa rebeldía contra el entero apartamiento del cuerpo, esa resistencia a que la llama del amor abandone su cadáver, es grandemente poética, genialmente hiperbólica, pero quizá no alcanzara benevolencia de un corazón pío. Todas esas frases adversativas sólo se justifican desde una terca conciencia, poco convencida de que, en la otra orilla, aguarda el supremo deleite. Ahí está, para probarlo, su respuesta altiva a la ascética admonición cuaresmal (*pulvis es et in pulverem reverteris*), con la que incurría además en desobediencia al precepto tridentino de no mezclar las frases litúrgicas en cuestiones mundanales:

serán ceniza, mas tendrán sentido;
polvo serán, mas polvo enamorado.

Quevedo, bordeando la impiedad, logra así cerrarnos la garganta de emoción, de pasmo. No es esto un exabrupto de enajenado, puesto que lo hemos visto trazar para su voz, muy racionales y geométricas simetrías. Su contumacia se expresa así, serena y reconcentrada, despertando en el lector esa sorpresa inicialmente admiratoria que siempre provoca el insurrecto, el rebelde. Y el

175

soneto se cierra con esa fantástica visión de un montoncito de ceniza, de polvo, pálido, seco, tierra ya, pero aún tembloroso y estremecido de amor.

Este hermoso soneto puede darnos aún pie para una fecunda comparación entre Quevedo y Garcilaso de la Vega, o sea, entre dos tiempos y dos artes, de los que estos dos geniales poetas son casi epónimos. Recordemos, en efecto, el soneto I del toledano. El poeta se ha parado a contemplar su estado y halla que su mal podía ser mayor, según fueron los pasos que a él le condujeron. Y continúa:

> *mas, cuando del camino está olvidado,*
> *a tanto mal no sé por dó he venido;*
> *sé que me acabo, y más he yo sentido*
> *ver acabar conmigo mi cuidado.*

He aquí un clima radicalmente antitético. El caballero de Carlos V sabe morir, sabe pagar su deuda con la vida, sin trampas ni escamoteos. Nada intenta salvar en su naufragio: con la vida —bien que le pese— se hundirá también su *cuidado*, es decir, su amoroso tormento. En su serena aceptación de la muerte hay una casi olímpica actitud pagana. En el Renacimiento se vio claro —es su carácter espiritual más marcado— que cielo y tierra eran dos apuestas distintas, y el claro caballero Garcilaso, del que no se conserva poesía religiosa, se dispone a aceptar el resultado de su jugada: la muerte y el olvido. En el otro extremo, los celestes jugadores, San Juan o Santa Teresa, se aprestan a ganar muerte y premio.

El Barroco es, por el contrario, el fruto de Trento, el resultado de la reconciliación de tierra y cielo, que da, como fruto característico, a Lope de Vega, místico y pecador, o a Quevedo, asceta riguroso y burlón irreverente. Quevedo, con su corazón a vueltas siempre con el mundo y la muerte, se yergue contra la aceptación pagana o la cristiana resignación, porque ambas soluciones le niegan la salvación de algo mortal. La angustia le invade al tener que saltar entre ambos polos de signo tan contrario, sin encontrar en ninguno pleno cobijo. Si Garcilaso, flor del Renacimiento, aceptaba la muerte y, con ella, la extinción de su *cuidado*, Quevedo, fruto del Barroco, se dispone a salvar el suyo con rebeldía hiperbólica:

> *su cuerpo dejará, no su* cuidado:
> *serán cenizas, mas tendrán sentido,*
> *polvo serán, mas polvo enamorado.*

Un ansia de sobrevivir, típicamente agónica, pertinazmente quevedesca.

Vocabulario de términos utilizados
en la explicación de textos

El comentario de textos requiere el empleo de términos precisos. El conocimiento de estos es tan inevitable como el de los términos matemáticos, si queremos llevar por buenos cauces la explicación.

Conviene, por ello, leer y releer el siguiente *Vocabulario*, hasta adquirir familiaridad con él. Los comentarios se enriquecerán con ello extraordinariamente.

Cuando en las definiciones una palabra lleva asterisco (*), debe buscarse para conocer su significado exacto.

ACRÓSTICO.—Poema en el cual las iniciales de los versos*, leídas verticalmente, componen una palabra o una frase:

....

Fuertes más que ella; por cebo la llevan:
En las nuevas alas estaba su daño;
Razón es que aplique mi pluma este engaño
No disimulando con los que arguyen
Así que a mí mismo mis alas destruyen,
Nublosas e flacas, nacidas de hogaño
Donde ésta gozar pensaba volando
O yo aquí escribiendo cobrar más honor.

....

(De los versos acrósticos que figuran al frente de
«La Celestina».)

ACTO.—Cada una de las partes de una obra teatral comprendida entre dos descansos largos. Las obras de nuestro teatro clásico poseen tres actos. De ordinario, en el primero se *expone* el problema, en el segundo se *desarrolla* y en el tercero se le da solución *(planteamiento-nudo-desenlace)*. El acto puede estar dividido en dos o más cuadros*, que pueden subdividirse en escenas*.

ADAGIO.—Fórmula breve que resume un principio de moral o una observación de carácter general: *Lo bueno, si breve, dos veces bueno* (Gracián). Se denomina también *máxima* y *sentencia*.

AFECTACIÓN.—Defecto que comete un escritor cuando se aparta viciosamente de lo natural. Así, Rubén Darío censuraba de afectado a Pereda porque este había llamado *relieves del yantar* a las migajas de la comida.

AFORISMO.—Frase breve que resume en pocas palabras un conocimiento esencial, muchas veces médico o jurídico: *La excusa no solicitada es una acusación manifiesta.*

ALEGORÍA.—Es la expresión paralela de una serie de ideas y de una serie de imágenes, de modo que ideas e imágenes se correspondan una a una. He aquí unos versos alegóricos de Lope de Vega:

> *Vireno, aquel mi manso regalado*
> *del collajero azul, aquél hermoso*
> *que, con balido ronco y amoroso*
> *llevaba por los montes mi ganado,*
> *aquél del vellocino ensortijado*
> *de alegres ojos y mirar gracioso.*
>
> . . . .
> *aquél me hurtaron ya, Vireno hermano.*

Lope cuenta *alegóricamente* a su amigo Vireno que le han arrebatado a su amada Elena Osorio (= *manso*), la cual solía llevar un escapulario (= *collajero*) azul, cuya hermosa voz (= *balido*) guiaba su voluntad (= *ganado*), que tenía una rizada cabellera (= *vellocino ensortijado*)...
Como es natural, cuando un texto es alegórico, debemos esforzarnos en hallar la correspondencia con las ideas alegorizadas.

ALEJANDRINO.—Verso de catorce sílabas.

ALITERACIÓN.—Repetición de un mismo sonido, vocal o consonante, a lo largo de un enunciado. A veces se consiguen muy bellos efectos: *Con el ala aleve del leve abanico.* (Rubén Darío). Ver *Onomatopeya* y *Cacofonía.*

ALUSIÓN PERIFRÁSTICA.—Rodeo expresivo para aludir a algo evitando su nombre. Los culteranos* y conceptistas* hicieron uso frecuente de ella: *el garzón de Ida* (= Ganimedes); *el hermano de Rómulo* (= el remo).

AMPULOSO.—Se dice del estilo hueco e hinchado, con frases largas y altisonantes.

ANACOLUTO.—Abandono de la construcción gramatical que se viene siguiendo en una frase, para adoptar otra: *El alma que por su culpa se aparta de esta fuente y se planta en otra de muy mal olor*, todo lo que corre de ella es la misma desventura y suciedad *(Santa Teresa)*.

ANACREÓNTICA.—Poesía lírica* con versos cortos y ritmo natural y gracioso, que canta el amor, el vino y la alegría de vivir. Así termina, por ejemplo, una anacreóntica de Esteban Manuel de Villegas (1589-1669):

> *Pues, ea, compañeros,*   *La cantimplora salga,*
> *vivamos dulcemente*   *la cítara se temple,*
> *que todas son señales*   *y beba el que bailare*
> *de que el verano viene.*   *y baile el que bebiere.*

ANÁFORA.—Repetición de una o varias palabras al comienzo de una serie de oraciones. Se enfatiza así el significado de cada una de esas oraciones: *¿Qué trabajo no paga el niño a la madre* cuando *ella le detiene en el regazo, desnudo,* cuando *él juega con ella,* cuando *la hiere* [= golpea] *con la manecita,* cuando *la mira con risa,* cuando *gorjea?* (Fray Luis de León).

ANAGRAMA.—Palabra formada al disponer de modo distinto las letras de otra palabra. No es infrecuente que los escritores firmen sus obras con un anagrama: *Gabriel Padecopeo* (= Lope de Vega Carpio).

ANFIBOLOGÍA.—Ambigüedad de significado que se produce por una construcción gramatical o por una palabra que pueden significar, a la vez, cosas distintas: *He hablado con tu padre y con tu hermano y ha dicho que vendrá.* (¿Quién vendrá?)

ANÓNIMO.—Sin nombre. *Obra anónima* es aquella cuyo autor se ignora.

ANTAGONISTA.—Personaje que, en un momento dado, se opone al protagonista*.

ANTÍFRASIS.—Expresión que significa lo contrario de lo que dice: *Tu comportamiento ha sido excelente* (= 'tu comportamiento ha sido muy malo').

ANTÍTESIS.—Figura que consiste en contraponer dos pensamientos, dos expresiones o dos palabras contrarias: *Lloran los justos y gozan los culpables. Ama a quien te aborrece.*

ANTONOMASIA.—Figura que consiste en sustituir un nombre común por uno propio, o un nombre propio por uno común: *un Aristarco* es, por antonomasia, 'un crítico severo'; *el emperador* es, por antonomasia, Carlos V.

APOLOGÍA.—Defensa y elogio de algo o de alguien. No es lo mismo que loa*.

APÓLOGO.—Cuento o fábula*, con enseñanza moral.

APÓSTROFE.—Figura que consiste en invocar con vehemencia a un ser real o imaginario: *¡Oh bosques y espesuras / plantadas por la mano del Amado, / oh prado de verduras, / de flores esmaltado, / decid si por vosotros ha pasado!* (San Juan de la Cruz).

APOTEGMA.—Dicho memorable, máxima.

ARCAÍSMO.—Palabra o construcción gramatical que ya no se usa: *maguer* por 'aunque'.

ARGUMENTO.—1. Conjunto de hechos y peripecias que se narran en una obra.—2. Razonamiento.

ARTE MAYOR.—1. Son versos de arte mayor los que poseen nueve sílabas o más de nueve.—2. *ARTE MAYOR CASTELLANO.* Verso que se usa en la poesía castellana del siglo xv. Posee dos hemistiquios*, en cada uno de los cuales hay dos sílabas tónicas separadas por dos átonas. *Al múy prepoténte / don Juán el segúndo* (Juan de Mena). El número de sílabas puede variar, pero suele tener doce.

ARTE MENOR.—Son versos de arte menor los que tienen ocho sílabas, o menos.

ARTE POR EL ARTE.—Doctrina formulada por Víctor Hugo y defendida por los parnasianos franceses, según la cual el fin del arte es sólo producir efectos estéticos, sin tener en cuenta otras consideraciones morales, sociales, políticas, etc. En cierta medida, los modernistas* españoles compartieron esta opinión.

ARTIFICIOSO.—Que es poco natural, poco espontáneo.

ASÍNDETON.—Fenómeno que se produce cuando dos o más términos de una oración, que podían ir unidos mediante conjunción, no la llevan: *el Ebro, el Tajo, el Guadiana, el Duero, son ríos españoles.* Sus efectos son muy variados. Se utiliza mucho para describir movimientos imprecisos: «Vuela como una torpe mariposa moribunda, rozando, en leves golpes, *las paredes, los muebles, la lámpara encendida*» (Camilo J. Cela). Ver *Polisíndeton.*

ASONANTE (RIMA).—La que poseen aquellos versos que tienen iguales las vocales, a partir de la última acentuada. Cuando hay diptongos, basta que sea igual la vocal acentuada; así, *veis* rima con *hiel.*

AUTO SACRAMENTAL.—Obra dramática de carácter alegórico*, referente a la Eucaristía y a las doctrinas fundamentales del catolicismo.

BALADA.—Poema épico-lírico, de naturaleza melancólica, muy frecuente en el Romanticismo*, en que se refieren sucesos legendarios o fantásticos.

BARBARISMO.—Ver *Neologismo.*

BARROCO.—Movimiento cultural desarrollado entre 1580 y 1700, aproximadamente. Se caracteriza, en cuanto a las *ideas,* por un cierto pesimismo y una total desconfianza en los valores humanos; a ello se debe el predominio de obras literarias con carácter moralizador, ascético, o satírico, en esta época. En la *expresión,* el Barroco ofrece mucha complicación, con exceso de elementos ornamentales *(culteranismo)* o sin él *(conceptismo).* Pesimismo y complicación expresiva pueden darse unidos (Quevedo); pero puede haber uno sin la otra (Argensola, *Epístola moral);* o, a la inversa, complicación formal con ideología neutra (Góngora).

BISÍLABO (VERSO).—Verso de dos sílabas.

BLANCOS (VERSOS).—Son los que, sujetándose a las demás leyes rítmicas (acentos, pausas, número de sílabas, etc.) carecen de rima: *Esta corona, adorno de mi frente, / esta sonante lira y flautas de oro / y máscaras alegres que algún día / me disteis, sacras musas, de mis manos / trémulas recibid, y el canto acabe* (Leandro F. de Moratín).

BORDÓN.—Ver *Seguidilla.*

BUCÓLICO.–Pastoril; en un *poema bucólico* el poeta pone sus propios sentimientos en labios de unos pastores.

CABO ROTO (VERSOS DE).–Versos en los que falta la última sílaba. Se trata de un juego poético. La rima se establece entre las sílabas tónicas: *No te metas en dibu-* / *ni en saber vidas aje-* / *que en lo que no va ni vie-* / *pasar de largo es cordu-* (Cervantes).

CACOFONÍA.–Repetición o encuentro de varios sonidos, con efecto acústico desagradable: *Dales las lilas a las niñas.* Se opone a eufonía*.

CALAMBUR.–Fenómeno que se produce cuando las sílabas de una o más palabras, agrupadas de otro modo, producen o sugieren un sentido radicalmente diverso: *Oro parece* / plata no *es* (= *plata no* y *plátano*).

CANCIÓN.–Poema lírico, de tema amoroso o religioso, generalmente en heptasílabos y endecasílabos (silvas* o liras*). En el Romanticismo* se escribieron también canciones patrióticas y filosóficas.

CANTAR DE GESTA.–Poema épico* medieval que narra hechos notables realizados por un héroe.

CASTICISMO.–Modalidad del lenguaje consistente en usar voces y giros de casta, es decir, de tradición en la lengua, evitando los extranjerismos. Ver *Purismo*.

CATARSIS.–Ver *Tragedia*.

CATÁSTROFE.–Acontecimiento decisivo que desencadena el fin trágico, en el teatro.

CENTÓN.–Escrito, en prosa o verso, compuesto con fragmentos de otros escritos.

CESURA.–Pausa que se introduce en muchos versos de arte mayor, los cuales quedan divididos en dos partes, iguales o no, denominadas *hemistiquios*: *Al muy prepotente // Don Juan el segundo* (Juan de Mena). *Los suspiros se escapan // de su boca de fresa* (Rubén Darío).

CLÁSICO.–1. Autor u obra de valor intemporal o eterno. Los *clásicos* por excelencia son los grandes maestros de la antigüedad grecolatina; y también los autores cuyo valor se impone universalmente: Dante, Cervantes, Shakespeare, Goethe, Molière, etc.–2. Escritor del *clasicismo* francés, época que coincide con el reinado de Luis XIV (siglo XVII). En este sentido, clásico (o neoclásico*) se opone a romántico.

CLÍMAX.–1. Punto culminante de una gradación* ascendente.–2. Punto culminante de interés en una obra o fragmento.

COMEDIA.–Obra de teatro que desarrolla un argumento de desenlace feliz.

COMPARACIÓN.–Figura que consiste en relacionar dos ideas, dos objetos, o un objeto y una idea, en virtud de una analogía entre ellos. De ordinario es embellecedora: *Flérida para mi dulce y sabrosa / más que la fruta de cercado ajeno* (Garcilaso de la Vega). Esta operación embellecedora, cuando están visibles los medios gramaticales de la comparación —ejemplo anterior— recibe también el nombre de *imagen*.

CONCEPTISMO.–Tendencia literaria que se desarrolla en España en el siglo XVII. Consiste en el uso —y aun abuso— de *conceptos*. El *concepto* consistía en una relación que la mente establecía entre dos objetos. Esta relación podía afectar a las nociones; en tal sentido son conceptos la antítesis*, la imagen*, la comparación*, la metáfora*, la alegoría*, la alusión* perifrástica, etcétera. O podía establecerse mediante el fortuito parecido o igualdad de las palabras; calambures*, juegos* de palabra, disemia*, etc. Los principales escritores conceptistas son Quevedo y Gracián; pero hay muchos indicios de esta tendencia en Cervantes, Góngora, Lope, etc. Véase *Culteranismo*.

CONSONANTE (RIMA).–La que poseen aquellos versos que tienen iguales *todos los sonidos*, a partir de la última vocal acentuada.

COPLA.–Estrofa de cuatro versos de arte menor, frecuentemente octosílabos, de carácter popular, con rima asonante en los pares: *Cuando me pongo a cantar / me salen en vez de coplas, / las lágrimas de los ojos, / los suspiros de la boca* (Manuel Machado).–*COPLA DE ARTE MAYOR*. Consta de ocho versos de arte* mayor castellano, que se combinan ABBAACCA; la empleó Juan de Mena en el *Laberinto* (siglo XV).–*COPLAS DE PIE QUEBRADO (O MANRIQUEÑAS)*. Reciben este último nombre por haberlas empleado Jorge Manrique (siglo XV) en la famosa elegía a la muerte de su padre. Constan de seis versos, cuatro octosílabos (primero, segundo, cuarto y quinto) y dos tetrasílabos (tercero y sexto). Riman en consonante primero-cuarto, segundo-quinto y tercero-sexto (abc abc): *¡Qué señor de sus amigos! / ¡Qué señor para criados / y parientes! / ¡Qué enemigo de enemigos! / ¡Qué maestro de esforzados / y valientes!* (Jorge Manrique).

CUADERNA VÍA.—Estrofa formada por cuatro versos alejandrinos* monorrimos*, usada por los poetas cultos del mester de clerecía.

CUADRO.—Parte de un acto* caracterizado por su discontinuidad temporal o espacial (cambio de decorado), con relación a lo que antecede.

CUARTETA.—Estrofa de cuatro versos consonantes de arte menor, con la combinación *a b a b*.

CUARTETO.—Estrofa de cuatro versos consonantes de arte mayor, con la combinación *A B B A*.

CULTERANISMO.—Tendencia literaria que se desarrolla en el siglo XVII paralelamente al *conceptismo*, cuyo principal representante es Góngora (1561-1627). En realidad, utiliza los mismos recursos que el conceptismo, pero todos sus elementos son brillantes, musicales, desmesuradamente cultos: imágenes* complicadas, metáforas* difíciles, alusiones* perifrásticas que exigen conocimientos mitológicos profundos para su comprensión, etc. Rasgos culteranos se perciben en todos los grandes poetas del siglo XVII. Véase *Conceptismo*.

CULTISMO.—Palabra que ha entrado en el idioma, no como continuadora directa e ininterrumpida de otra palabra latina (así *mesa < mensa)*, sino que se ha introducido posteriormente, y y sin transformar apenas, por exigencias culturales: *flamígero, fructífero, benévolo, colocar,* etcétera.

DECASÍLABO (VERSO).—Verso de diez sílabas.

DÉCIMA O ESPINELA.—Estrofa de diez octosílabos consonantes que riman *a b b a a c c d d c*.

DESENLACE.—Parte final de una composición literaria, especialmente de una obra de teatro. En ella, la acción acaba, bien por el desarrollo normal del problema, bien por un acontecimiento inesperado. Ver *Acto*.

DIDÁCTICA.—Género literario al que pertenecen todas las obras cuya finalidad es una enseñanza.

DIÉRESIS.—Destrucción de un diptongo en un verso, para obtener dos sílabas métricas. La vocal cerrada suele escribirse en tales casos con diéresis: *Del Tormes, cuya voz armonïosa* (Leandro F. de Moratín).

DILOGÍA.—Palabra que significa dos cosas en un mismo enunciado: [la muerte] *llegue rogada, pues mi bien previene; / hálleme agradecido, no asustado; / mi vida acabe y mi vivir ordene* (Quevedo). *Ordene* significa, a la vez, 'mande' y 'ponga en orden'. Los escritores culteranos y conceptistas hicieron frecuente uso de la dilogía, tanto en sus escritos graves como en los cómicos. Se llama también *equívoco*.

DISCURSO.—Pieza oratoria, cuya finalidad es persuadir.

DISEMIA.—Dilogía*.

DITIRAMBO.—1. Poema lírico en tono entusiasta.—2. Alabanza vehemente.

DODECASÍLABO (verso).—Verso de doce sílabas.

DRAMA.—Obra teatral en la que las pasiones de los personajes no son tan violentas ni exasperadas como en la tragedia*; su tono no es sublime; intervienen a veces elementos cómicos; y el final suele ser desdichado, con la muerte incluso de alguno de sus personajes.

DRAMÁTICA.—Género literario al que pertenecen las obras literarias representables en un escenario mediante acción y diálogo.

ÉGLOGA.—Poema en el que dialogan dos o más pastores.

ELEGÍA.—Poema que expresa un sentimiento de dolor ante cualquier circunstancia penosa: la muerte de un ser querido, la tristeza ante unas ruinas, la añoranza del tiempo pasado, etcétera.

ENCABALGAMIENTO.—Desajuste que se produce entre una frase y un verso, de tal modo que aquella tiene que continuarse en el verso siguiente: *Sé que negáis vuestro favor divino / a la cansada senectud, y en vano / fuera implorarle; pero en tanto bellas / ninfas del verde Pindo habitadoras...* (Leandro F. de Moratín). Obliga, de ordinario, a una lectura más rápida, ya que va a buscarse, en el verso siguiente, el sentido que ha quedado incompleto en el anterior.

ENDECASÍLABO (VERSO).—Verso de once sílabas. Los endecasílabos principales son el *heroico*, con acentos en sexta sílaba y décima *(las noches manifiestan tus grandezas)*; el *italiano*, con acentos en cuarta, octava y décima *(el reposar de un ataúd en tierra)*; el *sáfico*, con acentos en primera, cuarta, octava y décima: *(dulce vecino de la verde selva)*, y el de *gaita gallega*, con acentos en primera, cuarta, séptima y décima *(fresca y reciente la música griega)*. El endecasílabo, de procedencia italiana, fue usado prematuramente por el marqués de Santillana (siglo XV), y aclimatado definitivamente por Garcilaso de la Vega (siglo XVI). Es el verso típico de la poesía culta, frente al octosílabo.

ENDECHA.—1. Romance* heptasílabo.—2. Elegía popular en metro corto.

ENEASÍLABO (VERSO).—Verso de nueve sílabas.

ÉNFASIS.—1. Hablamos o escribimos con *énfasis* cuando ponemos de relieve cualquier elemento, formal o ideológico, de nuestro discurso con el fin de atraer la atención de nuestro interlocutor o lector hacia él.—2. Figura que consiste en dar a entender más de lo que se dice, o en hacer comprender lo que no se dice: *Motivos tiene para callar*.

ENIGMA.—Descripción metafórica* en verso o prosa, ocultando los términos reales hasta el punto de que la descripción se convierte en adivinanza: *En la redonda / encrucijada / seis doncellas / bailan. / Tres de carne / y tres de plata. / Los sueños de ayer las buscan / pero las tiene abrazadas / un Polifemo de oro* [= La guitarra] (Federico García Lorca).

ENSAYO.—Exposición aguda y original de un tema científico, filosófico, artístico, literario, político, religioso, etc., con un carácter general, es decir, sin que el lector necesite conocimientos técnicos especializados para comprenderlo. Muchos artículos de revistas y periódicos son ensayos.

ENTREMÉS.—Obra teatral corta que, en el siglo XVII, se representaba en un entreacto de una obra larga.

ÉPICA.—Género literario al que pertenecen todas las obras destinadas por el escritor a narrar sucesos que ocurren fuera de él.

ÉPICO (TEMA).—1. Todo poema perteneciente al género épico.—2. Con el nombre de *poemas épicos* se designan, concretamente, diversos poemas escritos con intenciones de glorificación nacional (como la *Eneida*, de Virgilio), o de alcance filosófico-religioso, como la *Divina Comedia*, de Dante.—3. También se denominan así numerosos poemas renacentistas, de tema heroico: *Orlando furioso*, de Ariosto; *La Araucana*, de Ercilla, etcétera.

EPIFONEMA.—Exclamación con que el escritor comenta lo que acaba de exponer: *Ninguna cosa alborota más a los vasallos que el robo y soborno de los ministros, porque los irritan con los daños propios, con la envidia a los que se enriquecen y con el odio al Príncipe que no lo remedia...* ¡Oh infeliz el Príncipe y el Estado que se pierden porque se enriquezcan sus ministros! (Saavedra Fajardo).

EPIGRAMA.—Poema muy breve, gracioso y satírico.

EPÍSTOLA.—Carta en prosa o verso, de finalidad literaria.

EPITAFIO.—Poema breve destinado a servir de inscripción funeral. Puede ser serio o satírico.

EPITALAMIO.—Poema en alabanza de unos desposados.

EPOPEYA.—Es el más importante de los subgéneros épicos. Su tema es la narración de hechos sublimes realizados por un pueblo, los cuales constituyen su mayor gloria y, en cierto modo, el retrato de su espíritu. Las epopeyas son pocas: el *Ramayana* en la India, la *Ilíada* y la *Odisea* en Grecia, los *Nibelungos* en Alemania.

EQUÍVOCO.—Palabra de doble sentido, dilogía*.

ESCENA.—1. Parte de un acto*, en que intervienen los mismos personajes; cuando alguno de estos se ausenta, o entra otro distinto, comienza una nueva escena.—2. Escenario.

ESPINELA.—Décima*.

ESTANCIA O ESTANZA.—Combinación de versos endecasílabos y heptasílabos consonantes (alguno puede quedar libre) que realiza a su gusto el poeta. Fijada tal combinación o *estanza*, esta debe repetirse a lo largo del poema, a modo de estrofa*. (En realidad es una estrofa que inventa el poeta.) He aquí una estanza de las que componen la famosa *Égloga* de Pedro de Medina Medinilla (siglo XVII):

> *Cómo fingido Tormes, ¿es buen trato*
> *burlar al peregrino, y al que trata*
> *de hacer su patria tus ajenos valles?*
> *Oh, ya siempre de hoy más, Tormes ingrato,*
> *indigno de urna de cristal y plata,*
> *digno de arroyo de afrentosas calles.*
> *Ruego a Dios que no halles*
> *agua cuando la quieras,*
> *ni pan en tus riberas,*
> *ni techo vidriado del rocío*
> *te cubra de la nieve ni del frío,*
> *y que nadie te escriba ni te nombre,*
> *y que, turbio y vacío,*
> *encuentres río que te quite el nombre.*

ESTÉTICA.—1. Ciencia que se ocupa de lo bello.—2. *EMOCIÓN ESTÉTICA:* Emoción que en nosotros produce lo que es bello.— 3. *JUICIO ESTÉTICO:* Apreciación de una obra sólo desde el punto de vista de la belleza.—4. *INTENCIÓN ESTÉTICA:* Decimos que un autor ha utilizado o combinado determinados elementos con intención estética cuando se ve claramente su propósito de obtener un resultado bello. A veces esa intención perjudica a la obra, si para lograrla se ha caído en ampulosidad*, artificiosidad* o cualquier vicio semejante.

ESTETICISMO.—Intención estética.

ESTILO.—Véase pág. 89.

ESTRIBILLO.—Véase *Villancico* y *Zéjel*.

ESTROFA.—Es una combinación de versos que se repite a lo largo del poema. Así, dentro del fragmento siguiente, puede observarse cómo se repite una misma combinación o estrofa formada por cuatro eneasílabos, con rima consonante primero-tercero y segundo-cuarto; *Ingrata la luz de la tarde, / la lejanía en gris de plomo, / los olivos de azul cobarde, / el campo amarillo de cromo. // Se merienda sobre el camino / entre polvo y humo de churros, / y manchan las heces del vino / las chorreras de los baturros* (Ramón del Valle-Inclán).

EUFONÍA.—Buen sonido, bella sonoridad: *un ventalle de cedros aire daba* (San Juan de la Cruz). Se opone a cacofonía*.

EVOCADOR.—Se dice de la descripción en que el escritor, sin necesidad de acumular detalles, sugiere una perfecta sensación de la realidad.

EXOTISMO.—Carácter de una obra que evoca costumbres y paisajes de países extranjeros, muchas veces alejados en el espacio y en el tiempo. Es un rasgo del *Modernismo**.

EXTRANJERISMO.—Voz de origen extranjero: *speaker, chauffeur*, etcétera. Ver *Barbarismo* y *Neologismo*.

FÁBULA.—1. Subgénero didáctico*, consistente en la narración, en prosa o verso, de un pequeño suceso, del cual se extrae una consecuencia moral o *moraleja*. Frecuentemente, los protagonistas de las fábulas son animales.—2. Argumento o asunto de una obra.

FICCIÓN.—Lo opuesto a la realidad. Personajes, acciones, ambientes de ficción son los inventados.

FIGURA.—Modo de expresión utilizado con intención embellecedora. El adorno puede afectar a las palabras (*figuras de palabras*) o a los pensamientos (*figuras de pensamiento*).

FIGURADO (LENGUAJE).—El que hace uso de figuras*.

FILOLOGÍA.—Ciencia que estudia la lengua, la literatura y todos los fenómenos culturales de un pueblo o grupo de pueblos por medio de textos escritos.

FORMAL.—Relativo a la forma.

GÉNERO LITERARIO.—Cada uno de los grupos en que podemos clasificar todas las obras literarias, de tal modo que las reunidas en cada grupo posean características comunes. Son géneros literarios la Lírica, la Épica, la Dramática, la Oratoria, la Didáctica, etc. Dentro de cada género, podemos hacer agrupaciones especializadas por algún rasgo peculiar, que denominamos *subgéneros*. Así la tragedia, la comedia, el drama, etc., dentro de la Dramática.

GLOSA.—Composición poética que comienza con una cancioncilla. Siguen luego tantas estrofas como versos posee la canción inicial y cada una de las estrofas (que constituyen la *glosa* propiamente dicha) acaba con uno de los versos de dicha canción. Se diferencia del villancico* y del zéjel*. He aquí un fragmento de una glosa de don Diego Hurtado de Mendoza (1503-1575):

Va y viene mi pensamiento
como el mar seguro y manso;
¿cuándo tendrá descanso
tan continuo movimiento?

Parte el pensamiento mío
cargado de mil dolores,
y vuélveme con mayores
de la parte do le envío.
Aunque desto en la memoria
se engendra tanto contento,

que con tan dulce tormento.
cargado de pena y gloria,
va y viene mi pensamiento.
Como el mar muy sosegado
se regala con la calma,
así se regala el alma
. . . .
que no es sujeto a fortuna,
como el mar seguro y manso.
. . . .

GRADACIÓN.—Consiste en exponer una serie de ideas en orden progresivo. Suele ser ascendente *(Súbito, ¿dónde?, un pájaro sin lira, / sin rama, sin atril, canta, delira, / flota en la cima de su fiebre aguda.)* (Gerardo Diego); pero hay gradaciones *descendentes.* Ver *Clímax.*

HEMISTIQUIO.—Ver *Cesura.*

HEPTASÍLABO (verso).—Verso de siete sílabas.

HETEROMÉTRICOS (versos).—Véase *Isométricos.*

HEXASÍLABO (verso).—Verso de seis sílabas.

HIMNO.—Composición solemne, en la que el poeta exalta temas grandiosos: Dios, la Patria, un héroe, etcétera.

HIPÉRBATON.—Alteración del orden lógico de las palabras o de las frases.

HIPÉRBOLE.—Figura consistente en emplear una expresión que, tomada a la letra, deforma la verdad por su exageración. Hemos visto cómo Góngora llamaba hiperbólicamente al ojo de Polifemo «émulo casi del sol».

HUMANISMO.—Conjunto de actividades realizadas por los sabios europeos, durante el Renacimiento, para conocer, reconstruir e imitar en lo posible la cultura de Grecia y Roma.

HUMOR.—Actitud espiritual que consiste en decir con seriedad cosas absurdas o ridículas, con el fin de hacer estas patentes.

Difiere de lo *cómico* en que, de ordinario, lo cómico busca la risa del oyente mediante gestos, chistes, juegos de palabras, etcétera. Para sus diferencias con la *ironía*, véase esta última palabra.

HYSTERON-PROTERON.—Tipo de hipérbaton que consiste en anticipar lo que lógicamente debería posponerse: *Muramos, y lancémonos en medio del combate.*

IDILIO.—Poema lírico, en verso corto de ordinario, de naturaleza amorosa casi siempre, que evoca escenas de la vida pastoril.

IMAGEN.—Comparación explícita, con fines embellecedores. Se diferencia formalmente de la metáfora* en que, en esta, no hay nexos comparativos, y presenta la forma de una identidad. *Dientes como perlas* es una imagen; *sus perlas* por «sus dientes» es una metáfora.

IMPRESIONISMO.—Método literario que consiste en describir un objeto por medio de algunos rasgos especialmente llamativos que se observan en él: *Ya viene —oro y hierro— el cortejo de los paladines* (Rubén Darío). El cortejo = oro y hierro; se trata de una metáfora impresionista.

INSPIRACIÓN.—Según los antiguos, el escritor recibe de los dioses un soplo, una iluminación que guía su pluma; es la inspiración. A la inspiración se opone el *arte*, esto es, la reflexión que rechaza la ganga inútil que la inspiración aporta, pues esta, en definitiva, no es sino el conjunto de recuerdos literarios y emociones más o menos vulgares, que asedian al poeta cuando escribe, y de las que tiene muchas veces que defenderse. Los románticos son víctimas frecuentes de su inspiración. Aquel a quien vulgarmente se llama *poeta inspirado* suele ser un mal poeta. El verdadero poeta es el que acierta a despojar su inspiración de todo lo trivial, de todo lo vulgar y mostrenco que posee, hasta encontrar un poso de belleza auténtica.

INTELECTUALISMO.—Algunos críticos usan esta palabra en sentido peyorativo para designar el predominio de la razón sobre lo puramente emotivo o sentimental. Es cierto que el intelectualismo produce a veces nefastos resultados; así ocurre con muchos neoclásicos*. Pero, otras, es un freno meritísimo que el escritor pone a su inspiración*, para que esta no se despeñe por cauces sentimentales y vulgares. A veces, bajo la poesía *intelectual*, yace refrenada una poderosa emoción (Leandro F. de Moratín, Jorge Guillén).

INTERROGACIÓN RETÓRICA.—Figura que consiste en presentar una afirmación vehemente en forma de pregunta: *¿No fue Hernán Cortés un gran caudillo?*

INTRIGA.—Argumento de un cuento, una fábula, una novela o una obra dramática. En nuestros días es sinónimo de *argumento complicado.*

IRONÍA.—Figura que consiste en dar por verdadera y seria una afirmación evidentemente falsa; tiene como finalidad reprochar algo a nuestro interlocutor, o hacerle partícipe de nuestra burla o de nuestra indignación. A un alumno suspendido: *Seguramente, has estudiado mucho.* Véase *Antífrasis* y *Humor.*

IRREGULAR (VERSIFICACIÓN).—Véase *Versificación.*

ISOMÉTRICOS (VERSOS).—Versos de igual medida. Se opone a *versos heterométricos* (= de distinta medida).

JUEGO DE PALABRAS.—Combinación de dos palabras en un enunciado con intención ordinariamente cómica, irónica o sencillamente ingeniosa. Puede ser una la palabra, usada en sentidos diversos: *escudos* «monedas» *pintan escudos* «títulos nobiliarios» (Góngora). *A este Lopico, lo pico.* Se produce a menudo unido al calambur* y a la dilogía*.

LEYENDA.—Narración de algún hecho desfigurado por su lejanía histórica y por la imaginación de los que la transmiten. Suele tener carácter popular.

LIBELO.—Escrito difamatorio contra alguna persona.

LIBRES (VERSOS).—Son los que no se sujetan a las leyes métricas normales; su medida y su rima (cuando esta existe) quedan al arbitrio del poeta: *Amigos / dentro de unos días me veré rodeado de chicos, / de chicos torpes y listos, / y dóciles y ariscos, / a muchas leguas de este Santander mío, / en un pueblo antiguo, / tranquilo / y frío* (Gerardo Diego). No confundir con los versos blancos* ni con los sueltos*.

LIRA.—Estrofa de cinco versos consonantes, tres heptasílabos (primero, tercero y cuarto) y dos endecasílabos (segundo y quinto). Riman *a B a b B.*

LÍRICA.—Género literario al que pertenecen las obras en que el poeta expresa sus propios sentimientos, su íntima actitud ante las cosas, ante los hombres o ante Dios. A veces el poeta presta su voz a otra criatura. Así, Lope, en el villancico antes comentado, hace expresar al cantor sus propios sentimientos.

LITERARIO.—1. Referente a la literatura.—2. Se toma en sentido favorable para calificar un escrito cuidado y de buen gusto, y también en sentido desfavorable para indicar que un escrito es poco natural y espontáneo, excesivamente atildado.

LÍTOTES.—Figura consistente en negar lo contrario de lo que se desea afirmar: *en esto no te alabo.*

LOA.—Composición en que se alaban virtudes individuales o colectivas. No implica la defensa, como la apología*.

MADRIGAL.—Poema lírico breve, procedente de Italia, introducido en el siglo XVI, que consiste en un cumplido elogioso que se dirige a una dama. Es justamente famoso este de Gutierre de Cetina (1520-1554): *Ojos claros, serenos, / si de un dulce mirar sois alabados / ¿por qué, si me miráis, miráis airados? / Si cuanto más piadosos, / más bellos parecéis a aquel que os mira / no me miréis con ira, / porque no parezcáis menos hermosos. / ¡Ay tormentos rabiosos! / Ojos claros, serenos, / ya que así me miráis, miradme al menos.*

MANIERISMO.—Estilo lleno de «maneras», de modos de expresión afectados y poco naturales. El culteranismo* es un manierismo.

MÁXIMA.—1. Adagio*.—2. Pensamiento adoptado como regla de conducta.

MELODRAMA.—A partir del siglo XVIII, drama popular con temas patéticos, acción complicada, efectismos, caracteres sin matices (buenos y malos), intenciones morales, con el triunfo de la virtud. Su diálogo es a veces pomposo y declamatorio; otras, trivial.

METÁFORA.—Tropo mediante el que se identifican dos objetos distintos. Su fórmula más sencilla es *A es B*: sus dientes son perlas; y la más complicada, o metáfora pura, *B en lugar de A*: *sus perlas* (en lugar de «sus dientes»), B es el *término metafórico* (perlas) y A el *metaforizado* (dientes). Véase *Imagen.*

METONIMIA.—Tropo que responde a la fórmula *pars pro parte* 'una parte en lugar de otra parte'; consiste en designar una cosa con el nombre de otra, que está con ella en una de las siguientes relaciones: *causa a efecto:* vive de su *trabajo; continente a contenido:* tomaron unas *copas; lugar de procedencia a cosa que de allí procede:* el Jerez; *signo a cosa significada:* traicionó su bandera, etcétera.

MÉTRICA.—Conjunto de reglas relativas al metro* de los versos y a las estrofas.

METRO.—Medida de un verso. Cuando decimos que dos versos poseen *distinto metro,* queremos indicar que tienen distinta medida.

MODERNISMO.—Escuela literaria española de fines del siglo xix y principios del xx, con temática exótica*, exquisito cuidado de la forma en busca de bellos efectos musicales, refinamiento de las sensaciones, esteticismo*, afectación y voluptuosidad. Véase *Parnasianismo* y *Simbolismo.*

MONORRIMOS (VERSOS).—Versos seguidos, con una sola rima.

NATURALISMO.—Actitud literaria consistente en que el escritor copia fielmente la naturaleza. En este sentido, *Naturalismo* es lo mismo que *Realismo.* Pero ambas palabras han especificado, desde hace casi un siglo, su significación. Mientras el escritor realista se queda en la descripción fiel de los hechos, el naturalista pretende *demostrar* con ellos alguna ley o condición social, histórica, biológica, etc. Su método de trabajo es, pues, bien distinto del de los realistas; estos van del hecho a la obra literaria; por el contrario, el naturalista parte de lo que quiere demostrar; inventa después unos acontecimientos y personajes que ejemplifiquen bien su propósito; y, por fin, escribe. El Naturalismo, cuyo teórico fue Emilio Zola (1840-1892), trata con frecuencia temas abyectos y groseros; su realidad es tosca y exagerada, pero no pocas veces de fuerte valor testimonial.

NEOCLASICISMO.—Movimiento literario que se produce en España en el siglo xviii, por imitación del clasicismo francés. Acepta que el arte está sometido a reglas; y predominan en él la razón y el buen gusto frente al sentimiento. En la lírica se caracteriza por la superficialidad, por la corrección formal —con rigor métrico— y por el empleo de figuras* muy tímidas y simples. La emoción es siempre contenida y dominada por la razón. Se prefieren los temas pastoriles o filosóficos. La tragedia suele inspirarse en la historia antigua, y la comedia trata de ser moderada y moralizadora con personajes de la clase media o superior.

NEOLOGISMO.—Palabra o expresión recientemente introducida en la lengua. Los neologismos pueden dividirse en *necesarios* y *superfluos*. Son necesarios los que designan cosas nuevas, como *penicilina*, y superfluos aquellos que poseen perfecta correspondencia en nuestro idioma: *speaker* por «locutor». Los superfluos son los *barbarismos* propiamente dichos *(bárbaro* significa «extranjero»).

NOVELA.—Obra literaria, en prosa, de cierta extensión, que describe sucesos humanos, inspirados más o menos en la realidad, pero inventados. A veces, esos sucesos son fundamentalmente acciones, peripecias (novela policíaca, de aventuras, etc.); otras, comportamientos y problemas interiores (novela psicológica); en ocasiones, acontecimientos con personajes históricos o pseudohistóricos (novela histórica); modernamente, se cultiva un tipo de novela muy vasta, con multitud de personajes cuyas acciones se entrecruzan y ofrecen un amplio panorama de la sociedad de una época (novela-río), etcétera.

NUDO.—Véase *Acto*.

OCTAVA.—Estrofa de ocho versos de arte mayor. En la *octava real*, son endecasílabos consonantes que riman ABABABCC. En la *octava italiana*, los versos 4.º y 8.º tienen rima aguda consonante o asonante; y los restantes versos admiten diversas combinaciones. Frecuentemente, quedan sueltos 1.º y 5.º y riman en consonante 2.º-3.º y 6.º-7.º

OCTAVILLA.—Octava italiana de arte menor.

OCTONARIO (VERSO).—Verso de dieciséis sílabas.

OCTOSÍLABO (VERSO).—Verso de ocho sílabas. Es el más empleado en la poesía española de tipo tradicional y popular, frente al endecasílabo.

ODA.—Poema lírico de tono elevado y variedad de metros.

ONOMATOPEYA.—Imitación, mediante el lenguaje, de sonidos reales. Así sugirió San Juan de la Cruz el silbido del viento, en este *verso onomatopéyico:* el silbo de los aires amorosos. Son *palabras onomatopéyicas:* borbotón, rasgar, crujir, bombardear, trallazo, etcétera. Véase *Aliteración*.

PALINODIA.—Retractación que un escritor hace de opiniones o sentimientos expresados por él en otra ocasión.

PANEGÍRICO.—Discurso en elogio de algo o de alguien.

PANFLETO.—Escrito en que se satiriza o censura con violencia a alguna persona o acontecimiento.

PARADOJA.—Opinión, verdadera o no, contraria a la opinión que parece verdadera.

PAREADO.—Estrofa de dos versos, de arte mayor o menor, con rima consonante o asonante.

PARNASIANISMO.—Escuela de poetas franceses (1866-1890) que practicaban el arte* por el arte y construían sus poemas con gran rigor formal. Influyeron sobre nuestros modernistas*.

PARODIA.—Imitación burlesca de una obra seria.

PARONOMASIA.—Figura que consiste en colocar próximos en la frase dos vocablos de forma parecida: *Compañía de* dos, *compañía de* Dios.

PENTADECASÍLABO (VERSO).—Verso de quince sílabas.

PENTASÍLABO (VERSO).—Verso de cinco sílabas.

PERÍFRASIS.—Figura que consiste en expresar con varias palabras lo que podría expresarse con una sola: Llegamos por fin a la capital de España (Madrid). Véase *Alusión perifrástica*.

PETRARQUISMO.—Modalidad que aporta a la lírica el poeta italiano Petrarca (siglo XIV), y que se impone en España a partir del XVI. Consiste: a) *En los temas:* pasión amorosa desgraciada; violencia de dicha pasión, de la que no puede liberarse el poeta; b) *En la forma:* dulzura y musicalidad del verso endecasílabo, empleo del soneto, el terceto y la canción.

PICARESCA (NOVELA).—Novela que inicia en España el *Lazarillo de Tormes* (1554); en ella, un pícaro narra su propia biografía en primera persona. El *pícaro* es un muchacho, de origen familiar oscuro, sin escrúpulos morales, que frecuentemente resulta víctima de la sociedad a cuya costa pretende vivir. Tiene carácter realista*.

PLAGIO.—Copia o imitación de una obra, hecha por un escritor con la intención de hacerla pasar por propia. No hay plagio cuando el autor confiesa haberse inspirado en una obra ajena.

PLANTEAMIENTO.—Véase *Acto*.

PLÁSTICO.—Se dice de la descripción que consigue presentar con rasgos típicos y casi tangibles el objeto (o persona) descritos.

PLEONASMO.—Repetición de una palabra o de una idea, bien por torpeza *(enterrar en tierra)*, bien para dar mayor fuerza a la expresión: *lo vi con mis propios ojos*.

POEMA.—Obra literaria escrita en verso.

PRECIOSISMO.—Refinamiento en el lenguaje literario. Los escritores culteranos* son preciosistas.

PRINCEPS O PRÍNCIPE (EDICIÓN).—Primera edición de una obra.

PROPIO (SENTIDO).—El sentido primitivo de una palabra, frente a su sentido figurado*, cuando es empleada como tropo*.

PROSOPOPEYA.—Figura que consiste en atribuir a los seres no racionales (animados o inanimados) cualidades humanas: *Estrellas hay que saben mi cuidado / y que se han regalado con mi pena; / que entre tanta beldad, la más ajena / de amor, tiene su pecho enamorado. / Ellas saben amar, y saben ellas / que he cantado su mal llorando el mío* (Francisco de la Torre).

PROTAGONISTA.—1. Personaje principal de una obra dramática.— 2. Actor que interpreta dicho personaje.

PROVERBIO.—Refrán*.

PURISMO.—Actitud de los que rechazan a ultranza las voces y giros de origen extranjero. La solución que dan a sus escritos es el casticismo.

QUINTETO.—Estrofa de arte mayor, con rima consonante, en la cual se observan las siguientes condiciones: *a)* que no rimen tres versos seguidos; *b)* que los dos últimos no formen pareado; *c)* que no quede ninguno libre.

QUINTILLA.—Se diferencia del quinteto sólo en que sus versos son de arte menor.

REALISMO.—1. Actitud literaria que consiste en ajustarse fielmente a la realidad, sin someter esta a ningún retoque embellecedor. En este sentido se habla, por ejemplo, del realismo de la novela picaresca*.—2. Más concretamente, tendencia literaria difundida por Europa en el siglo XIX, patente sobre todo en la novela, que pretende describir situaciones y personajes, con una objetividad absoluta y casi impersonal por parte del escritor. Véase *Naturalismo.*

REDONDILLA.—Estrofa de cuatro versos consonantes de arte menor, con la combinación *a b b a.*

REDUNDANCIA.—Ejemplo de palabras inútiles para expresar una idea, porque ya se emplearon otras semejantes y más útiles. Véase *Tautología.*

REFRÁN.—Frase sentenciosa que expresa una experiencia de validez general: *Dime con quién andas y te diré quién eres.*

RENACIMIENTO.—Período histórico que sucede a la Edad Media y precede al Barroco*. En España tiene lugar durante el siglo XVI. Se produjo por la imitación de los escritores de la antigüedad y de los grandes autores italianos del siglo XIV. (Dante, Petrarca y Boccaccio.) Contribuyó a él el Humanismo*. Su ideología es, en gran parte, contraria a la medieval. Durante la Edad Media, la preocupación sobrenatural se mezcla con la natural; en el Renacimiento se deslindan ambas, y hay escritores que no rozan siquiera el tema religioso (Garcilaso), y otros que sólo escriben sobre dicho tema (San Juan de la Cruz). El mundo que antes era un valle de lágrimas, un camino que conduce a la única vida verdadera, la eterna, es en el siglo XVI algo amable. Piensan los renacentistas que Dios lo da al hombre como medio de que gane el cielo, y también para que dignifique en él su vida, mediante la fama. Los poetas cantan, de un lado, el amor divino (místicos) y, de otro, el amor humano, la naturaleza (el paisaje) y los hechos guerreros.

RETÓRICO.—1. Se dice de todo escrito en que lo convencional, lo no sentido auténticamente y la palabrería prevalecen sobre la sinceridad y la emoción auténticas.—2. Ampuloso*, grandilocuente.

RIMA.—Igualdad o semejanza de los sonidos en que acaban dos o más versos, a partir de la última vocal acentuada. Puede ser consonante* y asonante*. Algunos escritores han utilizado la *rima al mezzo* («rima en el medio»), que consiste en hacer rimar un verso con el primer hemistiquio del siguiente: *Nuestro ganado pace, el viento espira, / Filomena suspira en dulce encanto / y en amoroso llanto se amancilla, / gime la tortolilla sobre el olmo...* (Garcilaso).

RITMO.—1. Repetición de un fenómeno a intervalos iguales o proporcionales. En la poesía, el ritmo se produce por la repetición de versos de igual metro*, por las pausas a final de cada verso, a veces por cesuras*, por la repetición del acento en la penúltima sílaba y por la rima*.—2. Menos técnicamente, se llama ritmo al movimiento interior, a la impresión de equilibrio, de ponderación o de velocidad, que una obra o un fragmento produce en el lector.

ROMANCE.—Serie indefinida de octosílabos; son asonantes los pares, y sueltos*, los impares. En el *romance endecha* los versos son heptasílabos; en el *romancillo*, hexasílabos o más cortos; en el *romance heroico*, endecasílabos.

ROMANTICISMO.—Movimiento literario que se produce en Europa y América durante el siglo XIX. Sus ideales son *libertad* y *nacionalismo*. Los románticos rompen el freno que el Neoclasicismo* imponía a los sentimientos, y crean una literatura rebosante de pasiones exaltadas. La naturaleza participa en los sentimientos de los poetas y, como ellos, se muestra en sus obras turbulenta y alborotada. La mitología clásica es abandonada; se impone, en cambio, la inspiración bíblica y cristiana. Prefieren los temas de historia medieval y moderna a los de historia antigua, gratos a los neoclásicos. Adoptan en la poesía variedad de metros*, en busca de efectos musicales. Se sienten atraídos por lo infinito y lo misterioso. Los sentimientos de los románticos son desmesurados; en ocasiones, su ansia de infinitud choca con su finitud de hombres, y esto les conduce al desaliento, a la sensación de fracaso. Esto promovió el suicidio de muchos románticos.

SAINETE.—Obra teatral que refleja costumbres populares; suele tener carácter cómico, aunque no faltan los sainetes de fondo dramático.

SÁTIRA.—Obra que ataca los defectos de alguien o de algo.

SEGUIDILLA.—Estrofa de cuatro versos, que aparece en el siglo XV. Primitivamente era irregular*: la única condición que los versos habían de cumplir era que los impares, sueltos*, fueran más largos que los pares, asonantes*; después se fijó el esquema actual: dos heptasílabos sueltos (1.º y 3.º) y dos pentasílabos consonantes o asonantes (2.º y 4.º): *Pues andáis en las palmas,* / *ángeles santos,* / *que se duerme mi niño* / *¡tened los ramos!* (Lope de Vega). Muchas veces la seguidilla termina en un *bordón*, conjunto de tres versos: 1.º y 3.º pentasílabos asonantes, y 2.º heptasílabo suelto. *Una fiesta se hace* / *con tres personas:* / *uno baila, otro canta,* / *y el otro toca.* / *Ya me olvidaba* / *de los que dicen «¡ole!»,* / *y tocan palmas.* (Manuel Machado.)

SERRANILLA.—Poema en el que se describe el encuentro y el diálogo, generalmente amoroso, entre un caballero y una serrana (mujer de la sierra).

SERVENTESIO.—Estrofa de cuatro versos consonantes de arte mayor con la combinación *A B A B*.

SEXTA RIMA.—Estrofa de seis versos consonantes de arte mayor, que riman *A B A B C C*.

SEXTINA.—Estrofa de seis versos consonantes de arte mayor. Obedece a las mismas reglas del quinteto.

SILVA.—Serie indeterminada de heptasílabos y endecasílabos, mezclados al arbitrio del poeta, que distribuye las rimas consonantes según su deseo. Pueden quedar versos sueltos*. Se diferencia de la estancia*.

SIMBOLISMO.—Escuela poética francesa del siglo XIX, con claros influjos en nuestro modernismo*. Los simbolistas reaccionan contra los parnasianos* y románticos*, y tratan de crear una poesía que sugiera la vida íntima del poeta mediante *correspondencias* entre ella y el mundo de los objetos. De este modo, buscan también sonoridades y ritmos* que sugieran un estado espiritual semejante al suyo. De ahí su preferencia por el verso libre*.

SINALEFA.—Fenómeno que consiste en la unión en una sola sílaba métrica de la vocal final de una palabra y la inicial de la siguiente: *Está un marinero pensando en las playas.* (Rubén Darío.)

SINÉCDOQUE.—Tropo que responde a la fórmula lógica *pars pro toto* («la parte por el todo») o *totum pro parte* («el todo por la parte»). Así, hay sinécdoque cuando se emplea una palabra que designa el género para significar la especie, o viceversa: *los mortales* = «los hombres»; cuando la palabra que alude al todo pasa a designar la parte, o viceversa: *diez cabezas* = «diez reses»; *la ciudad se ha amotinado* = «los habitantes de la ciudad se han amotinado»; *el español es sobrio* = «los españoles son sobrios».

SINÉRESIS.—Unión forzada en una sílaba métrica, de dos vocales que no forman diptongo. / *O en el lazo fatal cae de la muerte.* (Meléndez.)

SINÓNIMOS.—Palabras o expresiones que significan lo mismo.

SOLEÁ.—La canción de soledad o soleá es una estrofa popular andaluza, compuesta de tres octosílabos; riman asonantes 1.° y 3.°, y queda suelto* el 2.°: *Muerto se quedó en la calle / con un puñal en el pecho. / No le conocía nadie.* (Federico García Lorca.)

SONETO.—Estrofa de catorce versos, compuesta por dos cuartetos y dos tercetos (ABBA, ABBA, CDC, DCD). En los tercetos finales se hallan a veces otras combinaciones, con tres rimas incluso. Se han compuesto sonetos con *estrambote.* Este es un añadido final de varios versos. Desde fines del siglo XIX se componen también sonetos con alejandrinos* o versos de arte* menor, y con serventesios y cuartetas en lugar de cuartetos.

SUBGÉNERO.—Véase *Género literario.*

SUELTOS (VERSOS).—Son los que, yendo en una composición en la que la mayoría de los versos riman, carecen de rima. Véase el ejemplo de Espronceda, página 82, versos 8 y 10. No confundir con los versos blancos* ni con los libres*.

TAUTOLOGÍA.—Repetición viciosa de una misma idea en términos diferentes; pretende explicar la idea, pero no hace sino exponerla de nuevo sin añadir nada que la aclare. Se diferencia de la redundancia*.

TERCETOS.—Estrofa formada por versos endecasílabos, con rima consonante, que se agrupan así: A B A, B C B, C D C... X Y X, Y Z Y Z.

TETRASÍLABO (VERSO).—Verso de cuatro sílabas.

TÓPICO.—Lugar común, idea o forma lingüística repetidas corrientemente. Son tópicos, por ejemplo, estas expresiones: *valiente como un león, ojos de azabache, labios de coral, reciedumbre castellana,* etcétera.

TRAGEDIA.—Obra dramática con grandes pasiones y final catastrófico, que provoca en el espectador horror y piedad para aquellos personajes incapaces de alterar su propio destino. Este horror libera al espectador de sus propias pasiones, y se produce la *catarsis* o purificación.

TRAGICOMEDIA.—Drama*.

TREDECASÍLABO (VERSO).—Verso de trece sílabas.

TRISÍLABO (VERSO).—Verso de tres sílabas.

TROPO.—Palabra que, en un contexto determinado, cambia de significación. Los tropos principales son la metáfora*, la metonimia* y la sinécdoque*.

VEROSIMILITUD.—Carácter de lo que es verosímil, esto es, de lo que parece verdadero y creíble.

VERSÍCULO.—Forma de verso adoptada por muchos poetas contemporáneos. Con él suprimen todo elemento rítmico externo: metro* (varía mucho el número de sílabas de versículo a versículo), rima, acentos fijos y pausas. El versículo obedece a un ritmo* interior que el poeta le va imponiendo según lo exige el curso de sus sentimientos.

VERSIFICACIÓN.—1. Arte de hacer versos.—2. *VERSIFICACIÓN REGULAR.* Versificación que utiliza versos de la misma medida.— 3. *VERSIFICACIÓN IRREGULAR O AMÉTRICA.* Versificación caracterizada por el empleo de versos de desigual medida, con deliberado descuido del poeta. Es la forma típica de los cantares de gesta y de los poemas juglarescos. La irregularidad se desechó a partir el siglo XVI por los poetas cultos, pero la emplearon hasta el XVII en la lírica de inspiración popular. Esto no quiere decir que toda la poesía popular sea de versificación irregular.

VERSO.—Cada una de las líneas que componen un poema.

VILLANCICO.—Composición poética de arte menor, formada por una cancioncilla inicial —el *villancico* propiamente dicho— seguida de una estrofa o varias estrofas más largas, llamadas *mudanzas*, seguidas a su vez de un verso *de enlace* y de otro verso *de vuelta* que rima con el villancico inicial, anunciando la repetición parcial o total de este. La parte del villancico que se repite se llama *estribillo*. Frecuentemente, el tema es navideño. Procede del zéjel.

ZÉJEL.—Estrofa inventada por el moro Mucáddam de Cabra, en el siglo x. Se difundió por Castilla, donde recibió el nombre de *villancico*, y conservó en lo sustancial la estructura, pero sin guardar la rima única de las mudanzas, y ampliando sus dimensiones. El zéjel consta de un estribillo sin estructura fija que cantaba el coro, y de cuatro versos, que cantaba el solista. De estos cuatro versos, los tres primeros constituyen la *mudanza* y son asonantes y monorrimos*; el cuarto, llamado *de vuelta*, rima con el estribillo. Servía de señal para el coro, que repetía a continuación el estribillo:

Estribillo { *Allá se me ponga el sol*
            { *do tengo el amor.*

Mudanza { Allá se me pusiese
         { do mis amores viese
         { antes que me muriese

Verso de vuelta   con este dolor.

Estribillo { *Allá se me ponga el sol*
            { *do tengo el amor.*

(*Anónimo.*)

205